# Português Empresarial 1

## Exercícios Práticos

QECR Níveis A1/A2



Margarida Neves



LIDEL
Lidel – edições técnicas, lda

**Edição e Distribuição**

Lidel – Edições Técnicas, Lda.

Rua D. Estefânia, 183, r/c Dto. – 1049-057 Lisboa

Tel.: +351 213 511 448

lidel@lidel.pt

Projetos de edição: edicoesple@lidel.pt

www.lidel.pt

**Livraria**

Av. Praia da Vitória, 14 A – 1000-247 Lisboa

Tel.: +351 213 511 448

livraria@lidel.pt



ISBN edição impressa: 978-989-752-172-0

1.ª edição impressa: julho 2016

Conceção de *layout* e paginação: Pedro Santos

Impressão e acabamento: Cafilesa – Soluções Gráficas, Lda. – Venda do Pinheiro

Depósito Legal: 412051/16

Capa: Myocko Creative Design

Imagens: www.istockphoto.com; www.fotolia.com

Agradecimentos: À Delta Cafés pela autorização e cedência da imagem da página 63.

Todos os nossos livros passam por um rigoroso controlo de qualidade, no entanto aconselhamos a consulta periódica do nosso *site* (www.lidel.pt) para fazer o *download* de eventuais correções.

# INTRODUÇÃO

*Português Empresarial* é um livro de apoio ao estudo da Língua Portuguesa, vocacionado para o mundo das empresas e para as suas diferentes áreas e departamentos.

Este primeiro volume cobre os níveis A1 e A2 do Quadro Europeu Comum de Referência para as Línguas (QECR). Cada ficha desenvolve uma competência numa determinada área de uma empresa, contudo, **evitou-se não só um jargão demasiado técnico** (e, muitas vezes, efémero), mas também **situações demasiado específicas a cada área**. Assim, uma ficha dedicada à Logística também poderá ser utilizada na área Comercial, por exemplo.

As fichas foram elaboradas com o intuito de responder a **dificuldades comuns aos aprendentes de Português como Língua Estrangeira e Língua Não Materna** – seja ao nível do vocabulário, do funcionamento da língua ou de características específicas da Língua Portuguesa.

As soluções dos exercícios encontram-se no final do livro e permitem uma aprendizagem autónoma; contudo, muitos exercícios precisam da supervisão de um formador.

A autora

| Nível A2 | | | | |
|---|---|---|---|---|
| **Ficha** | **Tema/Competência** | **Estrutura Gramatical** | **Setor da Empresa** | **Página** |
| **1** | Organizar a agenda | Verbos auxiliares modais | Geral | 34 |
| **2** | Falar de superfícies comerciais | Indefinidos | Imobiliário | 35 |
| **3** | Organizar uma reunião | Pretérito perfeito simples do indicativo (verbos regulares e irregulares) | Geral | 36 |
| **4** | Descrever problemas/ /dificuldades | Pretérito perfeito simples do indicativo (verbos regulares e irregulares) | Geral | 37 |
| **5** | Conversar no elevador | Pretérito perfeito simples do indicativo (verbos regulares e irregulares) | Geral | 38 |
| **6** | Perguntar pormenores numa entrevista | Perguntar (com preposições) | Recursos humanos | 39 |
| **7** | Descrever o percurso | Pretérito perfeito simples do indicativo e Pretérito imperfeito do indicativo Preposições de tempo | Recursos humanos | 40 |
| **8** | Indicar responsabilidades | Voz passiva | Logística | 41 |
| **9** | Descrever etapas na organização de um evento | Voz passiva Expressão perifrástica de duração Expressão perifrástica de futuro Pronomes (com preposições) | Geral Organização de eventos | 42 |
| **10** | Organizar um evento | Voz passiva Particípio passado (verbos irregulares) | Geral Organização de eventos | 43 |
| **11** | Chefiar uma loja | Voz passiva Particípio passado (verbos irregulares) | Comercial | 44 |
| **12** | Apresentar agradecimentos | Pronomes | Geral | 45 |
| **13** | Marcar encontros | Contração da preposição *com* com pronomes pessoais | Geral | 46 |
| **14** | Descrever as férias | Verbos pronominais | Geral | 47 |
| **15** | Falar em situações sociais | Pronomes complemento objeto direto e complemento objeto indireto (3.ª pessoa do singular) | Geral | 48 |
| **16** | Descrever novas vantagens | Pretérito imperfeito do indicativo vs. Presente do indicativo | Logística | 49 |
| **17** | Experiência de consumo | Pretérito imperfeito do indicativo Pretérito perfeito simples do indicativo | Comercial | 50 |
| **18** | Descrever cargos passados | Pretérito perfeito simples do indicativo vs. Pretérito imperfeito do indicativo | Recursos humanos Hotelaria | 51 |
| **19** | Gerir pessoas | Pretérito imperfeito do indicativo (com valor de condicional) | Geral | 52 |
| **20** | Falar ao telefone | Enriquecimento vocabular | Geral | 53 |
| **21** | Apresentar resultados (ler gráficos) | Enriquecimento vocabular | Geral | 54 |

NÍVEL

A1

NÍVEL **A1**

FICHA
1

**PRESENTE DO INDICATIVO**

RECURSOS HUMANOS

## DESCREVER O COLABORADOR IDEAL

**Escreva quais os aspetos positivos e negativos de um colaborador.**
*Write the positive and negative characteristics of an employee.*

- Ser inexperiente
- Não ter ambição
- Apresentar pouco espírito de iniciativa
- Estar sempre disponível
- Gostar do contacto humano
- Ter espírito de iniciativa
- Ter experiência
- Ser dinâmico
- Apreciar o trabalho em equipa
- Estar desmotivado
- Conseguir impor as suas ideias
- Ser irresponsável
- Gostar de trabalhar sozinho
- Mostrar respeito pela opinião dos colegas

**Aspetos positivos:**

- *Mostra um espírito jovem*
- 
- 
- 
- 
- 
- 
- 

**Aspetos negativos:**

- 
- 
- 
- 
- 
- 
- 
- 

## INDICAR NACIONALIDADES

**Preencha os espaços com o adjetivo correto e faça as alterações necessárias.**
*Fill in the blanks with the right adjective making the necessary changes.*

indiano | alemão | dinamarquês | brasileiro | sul-coreano | britânico
finlandês | espanhol | americano | holandês | japonês | italiano
francês | sueco (2x) | português | suíço | australiano | belga | chinês

1. A Volvo é uma empresa *sueca* que fabrica camiões.
2. A Philips é uma empresa ________________ de eletrodomésticos.
3. A Fiat é uma marca ________________ de carros.
4. A Renault é uma marca ________________ de automóveis.
5. A Coca-Cola é uma marca ________________ de bebidas.
6. A Tata é uma marca ________________ que produz carros baratos.
7. A Audi é uma marca ________________ que fabrica carros robustos.
8. A Sony é ________________ e faz televisões.
9. A Hyundai é uma marca ________________ de automóveis.
10. A Cadbury é uma marca ________________ especialista em chocolates.
11. A Nokia é uma empresa ________________ que fabrica telemóveis.
12. A Mango é uma marca ________________ que se distingue pelo *design* inovador.
13. A Delta é ________________ e vem diretamente do Alentejo.
14. Os melhores canivetes do mundo são ________________.
15. São ________________ e são um dos brinquedos mais famosos do mundo: são os Legos.
16. A Boticário é uma marca ________________ que vende produtos de cosmética.
17. Os móveis da Ikea são um exemplo de *design* ________________.
18. O *surf* é promovido internacionalmente pela marca ________________ Billabong.
19. A Ecover é uma marca ________________ que promove a ecologia nos detergentes.
20. A Haier é uma marca ________________ de eletrodomésticos.

FICHA
3

## EXPRESSÃO PERIFRÁSTICA DE DURAÇÃO

GERAL | INFORMÁTICA

# DESCREVER PROBLEMAS INFORMÁTICOS

**1. Faça a correspondência entre as palavras/expressões da caixa e as imagens.**
*Match the words/expressions listed in the box with the images.*

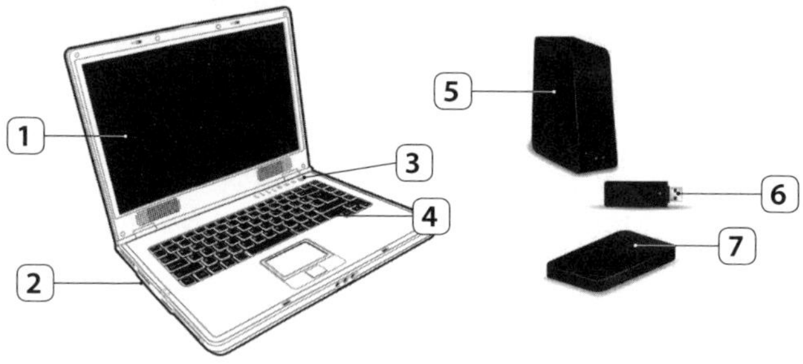


- ☐ o teclado
- ☐ o ecrã
- ☐ a entrada USB
- ☐ a *pen* USB
- ☐ o disco externo
- ☐ o botão para ligar
- ☐ a coluna de som

**2. Siga o exemplo e descreva os problemas.**
*Follow the example and describe the problems.*

1. o *tablet* / funcionar *O tablet não está a funcionar.*
2. a luz / piscar ______
3. a impressora / imprimir ______
4. o computador / gravar ______
5. o documento / fechar ______
6. o portátil / ligar ______
7. os ficheiros / passar para a *pen* ______
8. a entrada USB / funcionar ______
9. o *tablet* e o telemóvel / emparelhar ______
10. a navegação GPS / sincronizar ______
11. o projetor / responder ______
12. a lâmpada / ficar vermelha ______
13. a bateria / aquecer demais ______
14. o programa / atualizar ______
15. o cabo USB / passar dados ______

## CONTRAÇÃO DAS PREPOSIÇÕES *EM* E *A* COM ARTIGOS

GERAL



## LOCALIZAR

**1. Complete as frases seguindo o exemplo.**
*Complete the sentences following the example.*

1. O nosso diretor está *na* cidade, *num* congresso.
2. Os comerciais estão ______ Algarve, ______ conferência.
3. O chefe está ______ empresa, ______ reunião.
4. Os caixotes estão ______ armazém, ______ sala.
5. As assistentes estão ______ primeiro andar, ______ formação.
6. O diretor financeiro está ______ Porto, ______ seminário.
7. Os dossiês estão ______ gabinete, ______ armário.
8. O contrato está ______ banco, ______ cofre.
9. A Paula está ______ médico, ______ consulta.
10. Estamos ______ universidade, ______ colóquio.
11. Eu sei que ele está ______ prédio, ______ departamento.
12. O portátil está ______ *open space*, ______ mesa.
13. Estou ______ restaurante, ______ mesa ao fundo.
14. Eles estão ______ sala grande, ______ *conference call.*
15. Ela está ______ casa de banho, ______ emergência!
16. A delegação está ______ Senegal, ______ viagem de negócios.

**2. Complete as frases com a preposição *a* na forma correta.**
*Complete the sentences with the preposition* **a** *in the correct form.*

1. Vou *à* sala 16.
2. Vou ______ armazém.
3. Vou ______ encontros nacionais.
4. Vou ______ duas reuniões.
5. Vou ______ conferência.
6. Vou ______ departamento financeiro.
7. Vou ______ último andar.
8. Vou ______ cafetaria.
9. Vou ______ rés do chão.
10. Vou ______ casa de banho.
11. Vou ______ fábricas todas.
12. Vou ______ zona industrial.
13. Vou ______ lojas do norte do país.
14. Vou ______ receção.
15. Vou ______ países da Europa de Leste.
16. Vou ______ empresa deles.

FICHA **5**

# EXPRESSÃO PERIFRÁSTICA DE FUTURO

GERAL

## GERIR EM CRISE

**1. Complete as frases com a expressão perifrástica de futuro.**
*Complete the sentences with future tense.*

Nós *vamos modificar* (modificar) as condições de trabalho para enfrentar esta crise:

1. Os vossos salários ______________ (diminuir) 5 % por mês.
2. Nós ______________ (suprimir) uma semana de férias.
3. Vocês ______________ (começar) a trabalhar uma hora mais cedo, de manhã.
4. Os salários dos membros da Direção ______________ (baixar) 20 %.
5. As viaturas de serviço dos membros do Conselho ______________ (descer) de categoria.
6. O estilo de gestão ______________ (mudar).
7. Os Recursos Humanos (RH) ______________ (reduzir) o orçamento de formação.
8. A temperatura do ar condicionado ______________ (ser) de 21 °C.
9. As viagens ______________ (ser) em companhias *low cost*.
10. Um único *software* de gestão ______________ (centralizar) todos os processos.
11. O patrocínio da equipa de futebol da nossa cidade ______________ (terminar).
12. A festa anual da empresa não ______________ (ser) num restaurante, mas aqui na empresa.
13. O café ______________ (ficar) mais caro: ______________ (custar) 60 cêntimos.
14. Mas nós não ______________ (demitir) funcionários!

**2. Complete as frases com as palavras abaixo.**
*Complete the sentences with the words listed below.*

baixa | redução | supressão | demissão | descida | mudança | diminuição | centralização

1. Vai haver uma ______________ de salários dos membros da Direção.
2. Vai haver uma ______________ de categoria nas viaturas de serviço da empresa.
3. Vai haver uma ______________ nos salários de todos.
4. Vai haver uma ______________ no estilo de gestão.
5. Vai haver uma ______________ no orçamento de formação.
6. Vai haver uma ______________ de uma semana de férias.
7. Vai haver uma ______________ de todos os processos num único *software*.
8. Não vai haver ______________ de funcionários.

## CONTRAÇÃO DA PREPOSIÇÃO *POR*

GERAL

## AGRADECER / FELICITAR / DESCULPAR-SE

**Complete as frases seguindo o exemplo.**
*Complete the sentences following the example.*

### 1. Obrigado...

1. Obrigado *pelo* café!
2. Obrigado ______ *e-mail*!
3. Obrigado ______ ajuda!
4. Obrigada ______ simpatia!
5. Obrigada ______ dicas!
6. Obrigado ______ análises!
7. Obrigado ______ relatórios!
8. Obrigada ______ conselhos!

### 2. Parabéns...

1. Parabéns ______ apresentação!
2. Parabéns ______ rapidez!
3. Parabéns ______ bom trabalho!
4. Parabéns ______ boa avaliação!
5. Parabéns ______ bons resultados!
6. Parabéns ______ novos projetos!
7. Parabéns ______ sugestões!
8. Parabéns ______ boa avaliação!

### 3. Peço desculpa...

1. Peço desculpa ______ atraso!
2. Peço desculpa ______ incómodo!
3. Peço desculpa ______ avaria do ar condicionado!
4. Peço desculpa ______ demora!
5. Peço desculpa ______ condições da sala!
6. Peço desculpa ______ más notícias!
7. Peço desculpa ______ atrasos nas comunicações!
8. Peço desculpa ______ erros!

FICHA **7**

# PRESENTE DO INDICATIVO (VERBOS REGULARES E IRREGULARES)

GERAL

## ADAPTAR UMA PERGUNTA

**Transforme as seguintes frases, adaptando-as aos diferentes colegas.**
*Change the following sentences, adjusting them to the different colleagues.*

Ⓐ

1. *Queres* (querer) ir almoçar?
2. ______________ (poder) falar agora?
3. ______________ (vir) à reunião?
4. ______________ (ir) à Bélgica na próxima semana?
5. ______________ (conseguir) falar com o Carlos amanhã?
6. ______________ (preferir) ter a reunião amanhã à tarde?

Colega de sala
(tu)

Ⓑ

1. *O João quer* (querer) ir almoçar?
2. ________________ (poder) falar agora?
3. ________________ (vir) à reunião?
4. ________________ (ir) à Bélgica na próxima semana?
5. ________________ (conseguir) falar com o Carlos amanhã?
6. ________________ (preferir) ter a reunião amanhã à tarde?

Chefe
(você)

Ⓒ

1. *O senhor diretor quer* (querer) ir almoçar?
2. ______________________ (poder) falar agora?
3. ______________________ (vir) à reunião?
4. ______________________ (ir) à Bélgica na próxima semana?
5. ______________________ (conseguir) falar com o Carlos amanhã?
6. ______________________ (preferir) ter a reunião amanhã à tarde?

Diretor da empresa
(o senhor)

Ⓓ

1. *Querem* (querer) ir almoçar?
2. _______________ (poder) falar agora?
3. _______________ (vir) à reunião?
4. _______________ (ir) à Bélgica na próxima semana?
5. _______________ (conseguir) falar com o Carlos amanhã?
6. _______________ (preferir) ter a reunião amanhã à tarde?

Grupo de visitantes
(vocês)

## DESCREVER FUNÇÕES NUMA EMPRESA

**Preencha os espaços com os verbos no presente do indicativo.**
*Fill in the blanks with the verb in the present tense.*

| **Posição** | ***Diretor de operações*** |
|---|---|
| **Descrição da função** | 1. *Define* (definir) estratégias de expansão da rede de estabelecimentos.<br>2. _______ (controlar) a atividade de cada uma das lojas.<br>3. _______ (escolher) as orientações estratégicas para o posicionamento das lojas.<br>4. _______ (conceber) e _______ (implementar) um sistema de informação na empresa.<br>5. _______ (gerir) o sistema de informação do conjunto das lojas.<br>6. _______ (prever) as despesas de exploração.<br>7. _______ (negociar) com os bancos taxas e juros de operações bancárias. |

| **Posição** | ***Gerente de loja*** |
|---|---|
| **Descrição da função** | 1. _______ (orientar) as operações de atendimento.<br>2. _______ (definir) a organização da loja.<br>3. _______ (desenvolver) as orientações estratégicas para o posicionamento das lojas.<br>4. _______ (liderar) as equipas de pessoal da loja.<br>5. _______ (distribuir) os espaços de venda para cada família de produtos.<br>6. _______ (fazer) a gestão do fundo de maneio.<br>7. _______ (antecipar) necessidades e comportamentos dos clientes. |

| **Posição** | ***Operador de venda*** |
|---|---|
| **Descrição da função** | 1. _______ (atender) e _______ (informar) o cliente.<br>2. _______ (expor) e _______ (repor) os produtos segundo os critérios definidos.<br>3. _______ (fazer) a arrumação dos *stocks*.<br>4. _______ (poder) embalar os produtos.<br>5. _______ (fazer) o controlo e o fecho da caixa.<br>6. _______ (conferir) a mercadoria e _______ (fazer) as devoluções.<br>7. _______ (reportar) ao gerente de loja. |

| **Posição** | ***Diretor de logística/aprovisionamento*** |
|---|---|
| **Descrição da função** | 1. _______ (programar) e _______ (organizar) os fluxos e distribuição dos produtos.<br>2. _______ (otimizar) *stocks*, meios e espaços.<br>3. _______ (gerir) e _______ (rentabilizar) a frota da empresa.<br>4. _______ (prever) a localização dos produtos nos lineares para melhor rentabilização.<br>5. _______ (reunir) com o restante comité de direção.<br>6. _______ (acompanhar) as rotas de distribuição.<br>7. _______ (antecipar) situações imprevistas. |

# PRESENTE DO INDICATIVO

GERAL

## DESCREVER A SUA EMPRESA

**1. Faça a correspondência entre as colunas.**
*Match the columns.*

| | |
|---|---|
| 1. Onde → e) | a) é o vosso principal concorrente? |
| 2. De onde | b) mercados vendem? |
| 3. O que | c) importam produtos/serviços? |
| 4. A que | d) fazem numa situação de crise? |
| 5. Como | e) é a vossa sede? |
| 6. Para que | f) melhoram as vendas? |
| 7. Quais | g) tipo de público trabalham? |
| 8. Qual | h) são as principais atividades? |
| 9. Quando | i) é o vosso volume de negócios (VVN) médio? |
| 10. Quanto | j) é a próxima atividade publicitária? |
| 11. Quantos | k) exportam/importam da vossa produção? |
| 12. Que | l) funcionários têm? |
| 13. Quem | m) tipo de serviços oferecem? |

**2. Responda às perguntas acima (e vai ter algumas frases para descrever a sua empresa).**
*Answer the questions above (and you will have some sentences to describe your company).*

1. *A nossa sede é em Évora.*
2. __________
3. __________
4. __________
5. __________
6. __________
7. __________
8. __________
9. __________
10. __________
11. __________
12. __________
13. __________

## PERGUNTAR NA RECEÇÃO

**Escolha a pergunta que melhor se adapta à resposta apresentada.**
*Choose the most suitable question for each answer.*

1. Venho falar com o Sr. Marques.
   a) Com quem vem falar?
   b) Quem é que quer falar?
   c) Para quem vem falar?

2. A reunião é com o assistente do diretor comercial.
   a) Com quem é a reunião?
   b) Quando é a reunião?
   c) Para que é a reunião?

3. A entrega é para o departamento de RH.
   a) Quando é a entrega?
   b) Para quem é a entrega?
   c) O que é a entrega?

4. Venho da parte da empresa *Lacla*.
   a) De que empresa vem?
   b) Onde é a empresa?
   c) Como se chama a empresa?

5. A reunião vai começar às 10h.
   a) Como começa a reunião?
   b) A que horas começa a reunião?
   c) Quem começa a reunião?

6. Vou para o 6.º andar.
   a) A que andar vai?
   b) Para que andar vai?
   c) Como é que vai?

7. Prefiro ir pelas escadas, por favor.
   a) Para onde vai?
   b) Quando vai?
   c) Por onde vai?

8. Pode ligar ao Dr. Eugénio, por favor.
   a) A quem ligo?
   b) Para quem ligo?
   c) Como é que ligo?

9. Gostava de falar com o departamento de RH, por favor.
   a) Quando quer falar?
   b) Onde é o departamento?
   c) Com que departamento quer falar?

10. Estas encomendas vêm de Espanha.
    a) Onde vêm as encomendas?
    b) De onde vêm as encomendas?
    c) Como vêm as encomendas?

11. Vou ter a reunião com Maria do Carmo, a diretora financeira.
    a) Com que vai ter a reunião?
    b) Como vai ter a reunião?
    c) Com quem vai ter a reunião?

12. A encomenda é da Sra. Madalena Queirós.
    a) De quem é a encomenda?
    b) Para quem é a encomenda?
    c) Quem é a encomenda?

NÍVEL **A1**

# FICHA 11

**PRESENTE DO INDICATIVO**
**EXPRESSÕES DE TEMPO**
RECURSOS HUMANOS

## FALAR DE FÉRIAS E FOLGAS

**1. Faça a correspondência entre as colunas.**
*Match the columns.*

| | |
|---|---|
| 1. Quanto tempo tem de férias? | a) Começam daqui a 3 dias! |
| 2. A partir de que dia estás de férias? | b) Vou ter três semanas. |
| 3. Em que mês tens férias? | c) No dia 12. |
| 4. Em que dia é feriado? | d) Este ano, tenho férias em julho. |
| 5. Daqui a quantos dias começam as tuas férias? | e) A partir de sábado. |

**2. Marque a resposta correta, tendo em conta a parte sublinhada na pergunta.**
*Choose the correct answer (pay attention to the underlined part of the question).*

1. A que horas pode começar a trabalhar?
   - ☐ Posso começar a trabalhar às 7h30.
   - ☐ Posso começar a trabalhar nas 7h30.

2. Para que dia podemos combinar a reunião?
   - ☐ Podemos combinar a reunião para o dia 13.
   - ☐ Podemos combinar a reunião ao dia 13.

3. A que dia fecha a fábrica?
   - ☐ A fábrica está fechada ao domingo.
   - ☐ A fábrica está fechada no domingo.

4. De quando a quando trabalhou lá?
   - ☐ Trabalhei lá de maio a julho do ano passado.
   - ☐ Trabalhei lá no ano passado.

5. Em que dia começaram a vossa empresa?
   - ☐ Começámos a atividade no dia12 de maio.
   - ☐ Começámos a atividade em 12 de maio.

6. A que dia tens folga?
   - ☐ Geralmente, tenho folga nos domingos.
   - ☐ Geralmente, tenho folga aos domingos.

7. Quando é que começou a trabalhar?
   - ☐ Comecei a trabalhar no dia 25.
   - ☐ Comecei a trabalhar ao dia 25.

8. Em que mês começou a trabalhar na empresa?
   - ☐ Comecei a trabalhar cá no maio.
   - ☐ Comecei a trabalhar cá em maio.

9. Há quanto tempo está cá?
   - ☐ Estou cá, nesta cidade, desde 3 anos.
   - ☐ Estou cá, nesta cidade, há 3 anos.

10. Desde quando é que mudou as folgas?
    - ☐ Desde a semana passada que folgo às segundas.
    - ☐ Há uma semana passada que folgo às segundas.

# COMPARAR VENDAS

**1. Complete os espaços com o grau superlativo absoluto sintético.**
*Fill in the blanks with the* **superlativo absoluto sintético** *form.*

1. O metro quadrado é muito caro. É *caríssimo*!
2. O novo armazém vai ser muito barato. Vai ser ______________!
3. As hipóteses são muito baixas. São ______________!
4. O preço do imóvel é muito alto. É ______________!
5. A nova plataforma de faturação é muito boa. É ______________!
6. O nosso volume de negócios é muito bom. É ______________!
7. Os nossos resultados são muito maus. São ______________!
8. O nosso novo produto é muito fraco. É ______________!
9. O novo programa informático é muito fácil. É ______________!
10. O novo projeto está a ser muito difícil. Está a ser ______________!
11. O nosso acordo é muito antigo. É ______________!

**2. Complete os espaços com o grau comparativo de superioridade do adjetivo sublinhado.**
***Fill in the blanks with the comparative form of the underlined adjective.***

1. Vendemos bem nas lojas de rua, mas vendemos *melhor* nos centros comerciais.
2. As vendas são baixas durante a semana, mas são ainda ______________ ao fim de semana.
3. A campanha está a correr bem, mas o Natal vai correr ______________.
4. O funcionamento da nossa equipa é mau, mas a equipa deles é ______________.
5. A nossa loja é pequena, mas a nova loja é ainda ______________!
6. Nós estamos mal, mas elas estão ______________.
7. O novo produto funciona bem nos estudos, mas vai funcionar ______________ nas lojas.
8. A presença publicitária é grande, mas vai ser ______________ na próxima estação.
9. O nosso mercado é pequeno, mas o deles é ______________.
10. O nosso volume de negócios está mau e vai ser ______________ no verão.
11. As promoções funcionam bem, mas têm de funcionar ______________!
12. O desafio deles é grande, mas o nosso é ______________.

FICHA
**13**

**PRESENTE DO INDICATIVO**
**POSSESSIVOS**
GERAL

## DESCREVER PROBLEMAS

**Transforme as frases começando com o possesivo.**
*Change the sentences starting with the possessive.*

| EU | NÓS |
|---|---|
| 1. O meu problema é falta de tempo. | ⇨ *O nosso problema é falta de tempo.* |
| 2. A minha questão não está respondida. | ⇨ ________________ |
| 3. O meu chefe é complicado. | ⇨ ________________ |
| 4. A minha apresentação só tem duas frases. | ⇨ ________________ |
| 5. O meu texto é muito extenso. | ⇨ ________________ |
| 6. O meu gráfico não traz vantagens. | ⇨ ________________ |
| 7. A minha empresa continua com problemas. | ⇨ ________________ |
| 8. O meu tema é pouco importante. | ⇨ ________________ |
| 9. A minha agenda está cheia. | ⇨ ________________ |
| 10. A minha carreira está parada. | ⇨ ________________ |

| TU | VOCÊS |
|---|---|
| 11. O teu problema não se resolve. | ⇨ *O vosso problema não se resolve.* |
| 12. A tua situação está complicada. | ⇨ ________________ |
| 13. O teu chefe é difícil. | ⇨ ________________ |
| 14. A tua apresentação está muito simples. | ⇨ ________________ |
| 15. O teu texto está muito complexo. | ⇨ ________________ |
| 16. O teu gráfico continua mau. | ⇨ ________________ |
| 17. A tua empresa tem poucas novidades. | ⇨ ________________ |
| 18. O teu *slogan* não tem força. | ⇨ ________________ |
| 19. A tua agenda é uma confusão! | ⇨ ________________ |
| 20. A tua carreira não evolui. | ⇨ ________________ |

## CONVERSAR NO *COFFEE BREAK*

**Transforme as frases usando *dele* ou *dela*.**
*Change the sentences using* dele *or* dela.

| Social | |
|---|---|
| **Você** | **Ele** |
| 1. A sua família está bem? | ⇨ *A família dele está bem?* |
| 2. O seu carro está no parque? | ⇨ |
| 3. A sua apresentação está preparada? | ⇨ |
| 4. O seu chefe está cá? | ⇨ |
| 5. O seu telemóvel está a carregar? | ⇨ |
| 6. Acho a sua ideia interessante! | ⇨ |
| 7. Gosto da sua atitude! | ⇨ |
| 8. O seu chá tem um aroma ótimo! | ⇨ |
| 9. Gosto muito da sua pasta! | ⇨ |
| 10. O seu computador tem bateria? | ⇨ |

| Profissional | |
|---|---|
| **Você** | **Ela** |
| 11. O seu VVN continua estável? | ⇨ *O VVN dela continua estável?* |
| 12. Qual é a sua solução para aumentar as vendas? | ⇨ |
| 13. A sua campanha está a correr bem? | ⇨ |
| 14. As suas semanas estão a valer a pena? | ⇨ |
| 15. Os seus clientes estão a recomendar a marca? | ⇨ |
| 16. O seu resultado continua alto? | ⇨ |
| 17. A sua quota de mercado está estável? | ⇨ |
| 18. Os seus resultados mantêm-se? | ⇨ |
| 19. As suas vendas estão a correr bem? | ⇨ |
| 20. Acho que a sua ideia é muito boa! | ⇨ |

NÍVEL **A1**

FICHA **15**

**ADJETIVOS (GÉNERO E NÚMERO)**
*MARKETING*

## DESCREVER SERVIÇOS OU PRODUTOS

**Complete as frases seguindo o exemplo.**
*Complete the sentences following the example.*

| Os nossos serviços financeiros... | |
|---|---|
| 1. são *diferenciadores.* | (= fazem a diferença) |
| 2. têm resultados ______________. | (= com solidez) |
| 3. são ______________ de ativar. | (= demoram pouco tempo) |
| 4. não têm taxas ______________. | (= sempre iguais) |
| 5. são ______________ no seu segmento. | (= não têm concorrentes) |
| 6. têm condições ______________ de perceber. | (= não são complexos) |
| 7. são, sobretudo, ______________. | (= funcionam *online*) |
| 8. podem ter reforços ______________. | (= todos os meses) |
| 9. têm juros ______________. | (= o valor é sempre igual) |
| 10. apresentam vantagens ______________. | (= têm redução nos impostos) |

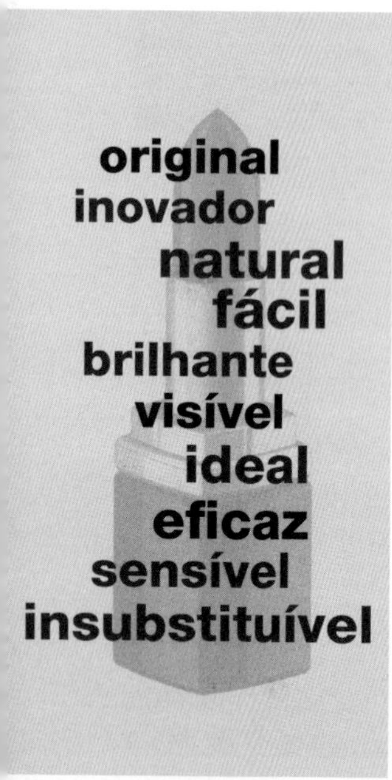


| Os nossos produtos de cosmética... | |
|---|---|
| 11. são *excecionais.* | (= sem comparação) |
| 12. têm componentes ______________. | (= de origem natural) |
| 13. são ______________ de aplicar. | (= facilitam a vida) |
| 14. são ______________ em situações exigentes. | (= têm eficácia) |
| 15. permitem resultados ______________. | (= que se veem imediatamente) |
| 16. são ______________ na praia. | (= não se pode substituir) |
| 17. têm resultados ______________. | (= que fazem brilhar) |
| 18. têm formatos ______________. | (= com originalidade) |
| 19. são ______________ para peles ______________. | (= bons para peles com problemas) |
| 20. apresentam fórmulas ______________. | (= que inovam) |

## DESCREVER PSICOLOGICAMENTE UM CANDIDATO

**1. Preencha a tabela com os adjetivos que melhor definem cada profissão.**
*Fill in the table below with the adjectives that best define each profession.*

objetivo | altruísta | atrevido | criativo | organizado | bem-disposto
resiliente | comunicativo | flexível | persistente | sensato | arrogante
extrovertido | excêntrico | calmo | introvertido | pragmático
cerebral | disponível | ousado | direto | discreto

| Instrutor de ioga | Diretor criativo | Técnico de informática |
|---|---|---|
| | | |

**2. Estabeleça comparações entre as diferentes profissões. Siga o exemplo.**
*Write sentences comparing the different professions. Follow the example.*

1. *Um técnico de informática é mais introvertido do que um diretor criativo.*
2. ________________________________.
3. ________________________________.
4. ________________________________.
5. ________________________________.
6. ________________________________.
7. ________________________________.
8. ________________________________.
9. ________________________________.
10. ________________________________.

NÍVEL **A1**

FICHA **17**

**PLURAIS IRREGULARES**

GERAL

## FALAR SOBRE PESSOAS E SITUAÇÕES

**1. Transforme para o plural.**
*Change into the plural form.*

| | |
|---|---|
| 1. O setor está complicado. | ⇨ *Os setores estão complicados.* |
| 2. O auditor está cansado. | ⇨ |
| 3. Aquela mulher faz tudo! | ⇨ |
| 4. O senhor doutor vai almoçar fora? | ⇨ |
| 5. O consumidor pode escolher. | ⇨ |
| 6. O diretor está ausente. | ⇨ |
| 7. Um bom vendedor sabe ouvir. | ⇨ |
| 8. Um bom chefe é útil. | ⇨ |
| 9. O comercial traz uma novidade. | ⇨ |
| 10. O responsável está presente? | ⇨ |
| 11. O operacional conhece a loja. | ⇨ |
| 12. O gestor não perde uma oportunidade. | ⇨ |
| 13. O instrutor de ioga está atrasado. | ⇨ |
| 14. O programador não sai cedo. | ⇨ |
| 15. O formador tem computador? | ⇨ |

**2. Transforme para o plural.**
*Change into the plural form.*

| | |
|---|---|
| 1. Ele é um bom líder. | ⇨ *Eles são (uns) bons líderes.* |
| 2. O nosso colaborador internacional é hábil. | ⇨ |
| 3. É um dossiê sensível. | ⇨ |
| 4. Esta situação é mensal. | ⇨ |
| 5. A nossa reunião é semanal? | ⇨ |
| 6. Este setor está débil. | ⇨ |
| 7. É um problema compreensível. | ⇨ |
| 8. Esta é uma decisão difícil! | ⇨ |
| 9. O nosso parceiro é ágil! | ⇨ |
| 10. A empresa deles está frágil. | ⇨ |
| 11. A negociação é fácil. | ⇨ |
| 12. Este diretor é inflexível! | ⇨ |
| 13. O fator humano é comum nos problemas. | ⇨ |
| 14. Este extintor é para material inflamável. | ⇨ |
| 15. Aquele homem é inábil a comunicar! | ⇨ |

## ROTINAS DA EMPRESA

**1. A partir da primeira coluna (com variantes de frequência para *dia*), adapte para *semana*, *mês* e *ano*.**
*Adapt the example of the first column (with frequency variations for* dia*) for* semana, mês *and* ano.

| Dia | Semana | Mês | Ano |
|---|---|---|---|
| Todos os dias | | | |
| Diariamente | *Semanalmente* | | |
| Dia sim, dia não | | | |
| Uma vez por dia | | | *Uma vez por ano* |
| De dois em dois dias | | | |

**2. Usando as expressões acima, complete as frases com a frequência das seguintes atividades na sua empresa.**
*Using the expressions above, complete the sentences to describe how frequently each activity is done within your company.*

1. *Todos os anos*, a empresa *faz* (fazer) um inquérito de avaliação.
2. _______________, eu _______________ (avaliar) o desempenho da equipa.
3. _______________, os parceiros _______________ (receber) uma *mailing list* com informações da empresa.
4. _______________, eles _______________ (almoçar) com os colegas.
5. _______________, nós _______________ (ter) uma cesta com fruta.
6. _______________, toda a empresa _______________ (participar) num evento social.
7. _______________, o departamento de RH _______________ (recolher) bens para várias instituições.
8. _______________, os operacionais _______________ (receber) formação.
9. _______________, algumas pessoas _______________ (praticar) ginástica.
10. _______________, nós _______________ (celebrar) os anos de atividade da empresa.
11. _______________, a equipa comercial _______________ (reunir-se) com a direção.
12. _______________, eu _______________ (fazer) o fecho de contas.
13. _______________, nós _______________ (ganhar) um prémio anual.
14. _______________, a empresa _______________ (promover) um estágio numa sucursal diferente.
15. _______________, _______________ (haver) um programa para atrair jovens de elevado potencial.

NÍVEL **A1**

FICHA **19**

## PRESENTE DO INDICATIVO (*VOCÊ* VS. *VOCÊS*)

GERAL

### FALAR A UM GRUPO DE PESSOAS

**Preencha os espaços com a forma correta do verbo no presente do indicativo.**
*Fill in the blanks with the present tense.*

| Ⓐ VOCÊ | Ⓑ VOCÊS |
|---|---|
| 1. *Prefere* (preferir) outra sala? | 1. *Preferem* (preferir) outra sala? |
| 2. ________ (estar) cansado? | 2. ________ (estar) cansados? |
| 3. ________ (tomar) um café? | 3. ________ (tomar) um café? |
| 4. ________ (ter) tempo? | 4. ________ (ter) tempo? |
| 5. ________ (poder) ter uma reunião amanhã? | 5. ________ (poder) ter um reunião amanhã? |
| 6. ________ (conseguir) falar mais alto? | 6. ________ (conseguir) falar mais alto? |
| 7. ________ (importar-se) de não fumar? | 7. ________ (importar-se) de não fumar? |
| 8. ________ (querer) mais alguma informação? | 8. ________ (querer) mais alguma informação? |
| 9. ________ (dar) uma conferência amanhã? | 9. ________ (dar) uma conferência amanhã? |
| 10. ________ (jogar) ténis? | 10. ________ (jogar) ténis? |
| 11. ________ (ser) japonês? | 11. ________ (ser) japoneses? |
| 12. ________ (saber) o código? | 12. ________ (saber) o código? |
| 13. ________ (sair) às 18h da empresa? | 13. ________ (sair) às 18h da empresa? |
| 14. ________ (sentir-se) bem? | 14. ________ (sentir-se) bem? |
| 15. ________ (ir) à tarde a Faro? | 15. ________ (ir) à tarde a Faro? |
| 16. ________ (ler) os *e-mails* à noite? | 16. ________ (ler) os *e-mails* à noite? |
| 17. ________ (ouvir) bem a apresentação? | 17. ________ (ouvir) bem a apresentação? |
| 18. ________ (enviar) o ficheiro hoje? | 18. ________ (enviar) o ficheiro hoje? |
| 19. ________ (vir) preparado para a reunião? | 19. ________ (vir) preparados para a reunião? |
| 20. ________ (trazer) o dossiê? | 20. ________ (trazer) o dossiê? |

## DESCREVER DESAFIOS

**Faça perguntas começando com a preposição sublinhada nas respostas.**
*Ask questions starting with the preposition underlined in the answers.*

1. *Com que empresas trabalham?*
   Trabalhamos sobretudo com empresas estrangeiras.
2. ______________________________
   Interessamo-nos pelas tecnologias inovadoras.
3. ______________________________
   Apostamos nas pessoas inovadoras.
4. ______________________________
   Precisamos sempre dos mercados exteriores para crescer.
5. ______________________________
   As pessoas confiam na nossa experiência.
6. ______________________________
   As empresas identificam-se com os nossos produtos.
7. ______________________________
   Investimos numa formação contínua e constante.
8. ______________________________
   Trabalhamos para empresas e não para consumidores particulares.
9. ______________________________
   Trabalhamos até chegar ao nosso objetivo.
10. ______________________________
    Chegamos aos países de leste.
11. ______________________________
    Trabalhamos no novo projeto desde o ano passado.
12. ______________________________
    Sonhamos sempre com novos projetos!
13. ______________________________
    Lutamos pelo preço mais baixo para os nossos consumidores!

FICHA
21

## NOMES DEVERBAIS

COMERCIAL

## DESCREVER PROCESSOS

**Reescreva as frases utilizando as palavras abaixo.**
*Rewrite the sentences using the words listed below.*

diminuição | aposta | alargamento | procura | distribuição | acesso | descida | subida | aquisição | desinvestimento | baixa | expansão | aumento | queda | desvalorização | investimento | melhoria | produção | concorrência

| | |
|---|---|
| 1. O mercado africano está a crescer. | ⇨ *Há crescimento no mercado africano.* |
| 2. A empresa vai distribuir dividendos. | ⇨ Há ______ |
| 3. A fábrica produz um novo produto. | ⇨ Há ______ |
| 4. A exportação aumenta o volume de negócios. | ⇨ Há ______ |
| 5. Apostamos na Internet das coisas. | ⇨ Há ______ |
| 6. Vamos melhorar as relações com a Europa de Leste. | ⇨ Há ______ |
| 7. Estamos a procurar novas oportunidades. | ⇨ Há ______ |
| 8. Não vamos voltar a investir nos mercados asiáticos. | ⇨ Há ______ |
| 9. Nós concorremos com outras empresas. | ⇨ Há ______ |
| 10. Investimos em mercados externos. | ⇨ Há ______ |
| 11. O consumo está a diminuir. | ⇨ Há ______ |
| 12. O diretor quer alargar o negócio ao mercado africano. | ⇨ Há ______ |
| 13. O mercado agrícola asiático está a expandir-se. | ⇨ Há ______ |
| 14. Os parceiros acedem facilmente à plataforma. | ⇨ Há ______ |
| 15. Vamos adquirir uma empresa distribuidora. | ⇨ Há ______ |
| 16. As vendas de joalharia estão a subir. | ⇨ Há ______ |
| 17. O preço do transporte está a descer. | ⇨ Há ______ |
| 18. A inflação está a cair. | ⇨ Há ______ |
| 19. As taxas nos aeroportos vão baixar. | ⇨ Há ______ |
| 20. As ações vão desvalorizar. | ⇨ Há ______ |

## DESCREVER UM PONTO DE VENDA

**Faça a correspondência das palavras/expressões abaixo com as imagens.**
*Match the words/expressions listed below with the images.*

| | | | |
|---|---|---|---|
| ☐ a gôndola | ☐ a vitrine | ☐ o *banner* de gôndola | ☐ a bandeirola |
| ☐ os lineares | ☐ o topo de gôndola | ☐ o *wobbler* | ☐ a ilha |
| ☐ o balcão refrigerado | ☐ o carrinho de compras | ☐ o *stopper* | ☐ o porta cartaz |

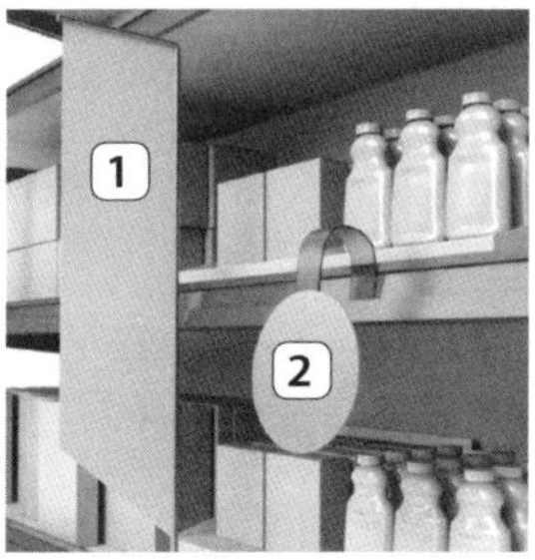

## COMUNICAR POR SMS

**Assinale a resposta incorreta.**
*Mark the wrong answer.*

1. Começamos a reunião a que horas?
   a) Às 10h30.
   b) Posso.
   c) Vou ver a agenda e já digo.

2. Podes vir à minha sala?
   a) Posso.
   b) Às 10h30.
   c) Já vou.

3. Está combinado?
   a) Combinado!
   b) É, é!
   c) Está!

4. A reunião é na sala 10?
   a) Não sei.
   b) É.
   c) Há.

5. Estou atrasado, desculpe!
   a) Temos tempo.
   b) Não faz mal.
   c) Não sei.

6. Almoçamos hoje?
   a) Não posso.
   b) Já tenho planos para o almoço.
   c) Está!

7. Vão à reunião?
   a) Vamos.
   b) Claro que sim!
   c) Vou.

8. Vens-me buscar?
   a) Vou.
   b) A que horas?
   c) Venho.

9. Vais à conferência?
   a) Combinado!
   b) Estou a chegar.
   c) Claro!

10. O João está na tua sala?
    a) Aqui não está.
    b) Está.
    c) Às 10h.

11. Parabéns pela intervenção!
    a) Obrigado!
    b) Não sei.
    c) Agradeço o elogio.

12. Podes falar?
    a) Agora não.
    b) Já.
    c) Posso.

13. Quando é a reunião do Conselho de Administração (CA)?
    a) No dia 16.
    b) Não, não é.
    c) Na próxima quarta.

14. Já têm o ficheiro?
    a) Na pasta "enviar".
    b) Já.
    c) Temos.

## CONFIRMAR NO AEROPORTO

**Responda de acordo com o exemplo.**
*Answer following the example.*

### 1. No aeroporto...

a) O senhor tem o cartão de embarque? ⇨ *Tenho.*
b) O avião descola às 12h30? ⇨ ______________________
c) A minha bagagem excede o peso? ⇨ ______________________
d) Posso fazer o *check-in*? ⇨ ______________________
e) Pode dar-me o seu documento de identificação? ⇨ ______________________
f) Partimos às 16h20? ⇨ ______________________
g) Fazemos escala em Berlim? ⇨ ______________________
h) Posso pôr mais bagagem no porão? ⇨ ______________________
i) Vamos para a porta 16? ⇨ ______________________
j) Vou buscar a mala à passadeira 10? ⇨ ______________________
k) Embarcamos na porta 7? ⇨ ______________________

### 2. No avião...

a) A casa de banho é ao fundo? ⇨ *É.*
b) A senhora traz-me um copo de água, se faz favor? ⇨ ______________________
c) O avião aterra às 10h? ⇨ ______________________
d) Podemos ligar o computador? ⇨ ______________________
e) A senhora faz-me um favor? ⇨ ______________________
f) A 1.ª classe desembarca já? ⇨ ______________________
g) Os filmes têm legendas? ⇨ ______________________
h) Têm sumos de fruta? ⇨ ______________________
i) É possível mudar de lugar? ⇨ ______________________
j) Estamos a voar sobre Madrid? ⇨ ______________________
k) Vão servir agora a refeição? ⇨ ______________________
l) Pode ajudar-me? ⇨ ______________________

### 3. Há problemas...

a) O voo está atrasado? ⇨ ______________________
b) A companhia paga o hotel? ⇨ ______________________
c) Pode abrir a sua mala, se faz favor? ⇨ ______________________
d) A minha bagagem está perdida? ⇨ ______________________
e) A aterragem correu bem? ⇨ ______________________
f) Vai haver turbulência? ⇨ ______________________
g) Há greve? ⇨ ______________________

FICHA
**25**

## PERGUNTAR (COM PREPOSIÇÕES)

GERAL

## PERGUNTAR PORMENORES

**Preencha os espaços com os interrogativos.**
*Fill in the blanks with the question words.*

### 1. Uma viagem…

a) ______________ é que vai? ⇨ Vão o Carlos e a Fernanda.
b) ______________ tempo é que demora? ⇨ Meia hora.
c) ______________ é que vamos? ⇨ De carro.
d) ______________ carro vamos? ⇨ Vamos no carro do Carlos.
e) ______________ é que vamos? ⇨ Pela marginal.
f) ______________ horas saímos? ⇨ Às 10h30.

**Em que** | **A que** | **Quem** | **Por onde** | **Quanto** | **Como**

### 2. Um almoço…

a) ______________ é que vamos almoçar? ⇨ Com o Jorge e a Carla.
b) ______________ é que eles vão? ⇨ Porque fazem parte do projeto.
c) ______________ é que vamos? ⇨ Na próxima semana.
d) ______________ dia? ⇨ Na quarta-feira.
e) ______________ horas é que chegamos? ⇨ Às 13h30.
f) ______________ estacionamos? ⇨ No parque do restaurante.

**A que** | **Com quem** | **Em que** | **Onde** | **Porque** | **Quando**

### 3. Uma ata…

a) ______________ é que faz a ata? ⇨ Fazes tu.
b) ______________ é que faço eu? ⇨ Porque vais estar na reunião.
c) ______________ é que ela não faz? ⇨ Porque não vai estar na reunião.
d) ______________ é? ⇨ Para o mês que vem.
e) ______________ dia é? ⇨ Para o dia 13.
f) ______________ envio? ⇨ Para todos os participantes.

**Porque (2x)** | **Quem** | **Para que** | **Para quando** | **Para quem**

NÍVEL

# A2

## VERBOS AUXILIARES MODAIS

GERAL

### ORGANIZAR A AGENDA

**Preencha os espaços com as formas verbais corretas.**
***Fill in the blanks with the correct verb form.***

| | |
|---|---|
| **ter (de)** | 1. Nós ____________ ter um momento diário de organização de agenda.<br>2. As reuniões ____________ ser bem organizadas.<br>3. Vocês ____________ seguir sempre a vossa agenda. |
| **precisar (de)** | 4. Eu ____________ um momento para responder aos *e-mails*.<br>5. Nós ____________ aprender a ser organizados.<br>6. Ontem, eu ____________ mudar uma reunião e ninguém pôde mudar. |
| **poder** | 7. Uma equipa ____________ alterar a organização das reuniões, quando há uma urgência.<br>8. Tu ____________ delegar tarefas para as reuniões.<br>9. Os elementos de uma equipa ____________ ter uma agenda partilhada. |
| **conseguir** | 10. Um bom colega ____________ sempre alterar a sua agenda.<br>11. Ninguém ____________ estar em todo o lado ao mesmo tempo.<br>12. É essencial ____________ gerir bem o tempo nas redes sociais. |
| **dever** | 13. Nunca ____________ deitar fora as nossas agendas antigas.<br>14. Nós ____________ reconhecer os nossos erros para não perder tempo no futuro.<br>15. Toda a gente ____________ anotar tudo na sua agenda.<br>16. Ninguém ____________ esperar por nós!<br>17. Nesse dia, acho que não posso. ____________ ter outra reunião. |

## FALAR DE SUPERFÍCIES COMERCIAIS

**1. Preencha os espaços seguindo o exemplo.**
*Fill in the blanks following the example.*

1. Neste *retail park*, as lojas são **pouco** interessantes:
   a) têm *pouca* luz;
   b) têm ________ oferta;
   c) têm ________ espaço de circulação;
   d) e têm ________ produtos!

2. Este centro comercial tem **muito** para oferecer:
   a) tem ________ metros quadrados;
   b) tem ________ marcas famosas;
   c) tem ________ boa acessibilidade;
   d) e tem ________ cinemas!

3. As lojas-âncora vendem **tanto**:
   a) vendem ________ marcas;
   b) vendem ________ produtos;
   c) fazem ________ promoções;
   d) e têm ________ parceiros!

4. Os investidores querem conhecer **tudo**:
   a) ________ os escritórios;
   b) ________ as zonas emergentes;
   c) ________ a situação económica;
   d) e ________ o contexto socioeconómico.

**2. Assinale a opção correta.**
*Mark the right option.*

No imobiliário, há (1) **tanta/tão** procura e (2) **tanto/tão** pouco investimento. Há (3) **muito/ /muitos** investimento estrangeiro, mas (4) **pouco/pouca** procura nacional. As rendas são (5) **muito/muitas** altas e a taxa de ocupação evolui (6) **pouco/pouca**.

As zonas que são (7) **muito/muitas** centrais têm (8) **pouco/pouca** oferta. Por outro lado, as zonas (9) **pouco/poucas** centrais têm (10) **muito/muita** oferta com uma dimensão (11) **muita/muito** atrativa. Nestas zonas, os valores são (12) **tanto/tão** interessantes, que a procura é (13) **muita/muito** grande!

As lojas de rua apresentam (14) **outras/outros** vantagens: há (15) **muita/muito** maior circulação de pessoas, as marcas são (16) **muito/muitas** visíveis para os turistas, a diferença de preço é (17) **pouco/pouca**, mas há (18) **alguns/algumas** problemas como, por exemplo, a chuva ou a desertificação das cidades ao fim de semana.

NÍVEL **A2**

FICHA **3**

## PRETÉRITO PERFEITO SIMPLES DO INDICATIVO (VERBOS REGULARES E IRREGULARES)

GERAL

## ORGANIZAR UMA REUNIÃO

**Responda às perguntas da primeira coluna seguindo o exemplo.**
*Answer the questions of the first column following the example.*

| | |
|---|---|
| 1. Contactou o cliente? | ⇨ *Contactei.* |
| 2. Verificou a data da videoconferência? | ⇨ |
| 3. Fez a agenda da reunião? | ⇨ |
| 4. Trouxe os relatórios para a reunião? | ⇨ |
| 5. Veio mais cedo? | ⇨ |
| 6. Viu a minha SMS ontem? | ⇨ |
| 7. Ontem, chegou tarde a casa? | ⇨ |
| 8. O João também veio? | ⇨ |
| 9. Foi falar com o Rodrigo? | ⇨ |
| 10. Esteve com atenção? | ⇨ |
| 11. A Rita enviou a apresentação? | ⇨ |
| 12. Leram a comunicação? | ⇨ |
| 13. Vocês fizeram perguntas? | ⇨ |
| 14. Disse alguma coisa ao André? | ⇨ |
| 15. Foram-se embora tarde? | ⇨ |
| 16. Puseram o vosso telemóvel no silêncio? | ⇨ |
| 17. Teve cuidado com a apresentação dos resultados? | ⇨ |
| 18. Disseram tudo ao Carlos? | ⇨ |
| 19. Pôs as garrafas de água em cima da mesa? | ⇨ |
| 20. Tiveram o cuidado de verificar tudo? | ⇨ |

## DESCREVER PROBLEMAS/DIFICULDADES

1. **Preencha os espaços com os verbos no pretérito perfeito simples.**
   *Fill in the blanks with the verbs in the past simple tense.*

**1. Avaria técnica**

A fotocopiadora ____________ (avariar-se) quando eu ____________ (pôr) o papel: ele ____________ (enrolar) e não ____________ (sair). Primeiro, eu ____________ (abrir) a porta 1 e não ____________ (ver) o papel. Depois, eu ____________ (tentar) abrir a porta 2 e não ____________ (conseguir). ____________ (decidir), então, chamar a Paula para me ajudar e juntos ____________ (tirar) o papel sem estragar a máquina!

**2. Problema de contacto**

Ontem, nós ____________ (precisar) de falar com o nosso parceiro em França e ____________ (ser) dificílimo telefonar. Primeiro, ____________ (marcar) o número, como habitualmente, e ninguém ____________ (atender). A seguir, nós ____________ (decidir) enviar um *e-mail* e, uma vez mais, não ____________ (ter) nenhuma resposta.
O Nuno ____________ (lembrar-se) de contactá-los por *Skype* e não ____________ (obter) resposta. Nós ____________ (esperar) umas duas horas e, à tarde, finalmente, ____________ (conseguir) falar com eles. Eles ____________ (dizer), então, que tinham tido uma avaria nas comunicações da empresa durante a manhã.

**3. Dificuldades exteriores**

Em primeiro lugar, o Carlos ____________ (esquecer-se) de reservar a sala grande de reuniões. Em segundo lugar, ninguém ____________ (falar) comigo sobre as apresentações. Em seguida, eu ____________ (enviar) uma mensagem para todos e só a Teresa ____________ (responder)! Por tudo isto, eu ____________ (decidir) que nós temos de nos organizar!

2. **Tome nota das expressões para dividir os episódios destas pequenas histórias.**
   *Note the expressions used to organize the parts of these stories.*

| começar | continuar | acabar |
|---|---|---|
| | | |

NÍVEL **A2**

FICHA **5**

# PRETÉRITO PERFEITO SIMPLES DO INDICATIVO (VERBOS REGULARES E IRREGULARES)

GERAL

## CONVERSAR NO ELEVADOR

**Preencha os espaços com os verbos no pretérito perfeito simples.**
*Fill in the blanks with the verbs in the past simple tense.*

### 1. O tempo...

A: Ontem, à noite, ____________ (chover) imenso!

B: ____________ (chover) e continua a chover!

A: Hoje, à tarde, parece que vai estar sol.

B: Espero que sim!

### 2. O fim de semana...

A: Então, como ____________ (ser) o fim de semana?

B: ____________ (ser) muito bom! Eu ____________ (estar) na praia!

A: A sério? Tu ____________ (ir) a que praia?

B: ____________ (ir) à praia da Sereia.

### 3. A apresentação...

A: Como é que a apresentação ____________ (correr) ontem?

B: ____________ (correr) mais ou menos. Eu estava muito nervosa...

A: É normal, com o CA toda a gente fica nervosa.

B: Mas eu ____________ (ter) sorte. Não ____________ (fazer) asneira!

### 4. O carro...

A: Então, como é que tu ____________ (vir) hoje?

B: ____________ (vir) de carro!

A: Então, mas não estava avariado?

B: Sim, mas, ontem, a oficina móvel ____________ (vir) cá e ____________ (arranjar) o carro!

### 5. O jogo de futebol...

A: No domingo passado, o jogo ____________ (ser) muito bom!

B: Pois foi! Mas, para mim, o jogo ainda ____________ (ser) melhor!

A: O jogo ____________ (ser) melhor para ti? Porquê?

B: Porque eu ____________ (estar) lá no estádio!

# PERGUNTAR PORMENORES NUMA ENTREVISTA

1. **Faça a correspondência entre as colunas.**
   *Match the columns.*

**Experiência escolar/universitária**

| | | |
|---|---|---|
| 1. Como | ☐ | a) escolheu esta área? |
| 2. Em que atividades | ☐ | b) estudou? |
| 3. Em que empresa | ☐ | c) participou? |
| 4. Onde | ☐ | d) estagiou? |
| 5. Para que funções | ☐ | e) adquiriu no estágio? |
| 6. Por que motivo | ☐ | f) a sua melhor qualidade? |
| 7. Quais são | ☐ | g) a sua média final? |
| 8. Qual é | ☐ | h) está preparada? |
| 9. Qual foi | 1 | i) soube deste emprego? |
| 10. Quantos | ☐ | j) as dificuldades que vai ter? |
| 11. Que conhecimentos | ☐ | k) anos esteve na universidade? |

2. **Faça a correspondência entre as colunas.**
   *Match the columns.*

**Experiência profissional**

| | | |
|---|---|---|
| 1. A quem | ☐ | a) entrou para a empresa? |
| 2. De que | ☐ | b) reportou? |
| 3. O que | ☐ | c) foi responsável? |
| 4. Em que empresas | ☐ | d) aprendeu na última empresa? |
| 5. Por que projetos | ☐ | e) foi o seu projeto mais interessante? |
| 6. Por que razão | ☐ | f) dificuldades encontrou? |
| 7. Qual | ☐ | g) funções gostou mais? |
| 8. Em que dia | ☐ | h) trabalhou antes? |
| 9. Quantas funções | ☐ | i) era o seu superior? |
| 10. Quantos projetos | ☐ | j) já teve? |
| 11. Que | ☐ | k) já liderou? |
| 12. Quem | ☐ | l) quer mudar? |

NÍVEL **A2**

FICHA **7**

# PRETÉRITO PERFEITO SIMPLES DO INDICATIVO E PRETÉRITO IMPERFEITO DO INDICATIVO PREPOSIÇÕES DE TEMPO

RECURSOS HUMANOS

## DESCREVER O PERCURSO

**1. Complete as frases com os verbos no tempo adequado.**
*Complete the sentences with the correct tenses.*

| 2005 | 2006 | 2007 | 2010 | 2011 | 2012 |
|---|---|---|---|---|---|
| Fim da universidade *(part-time como rececionista)* | Assistente comercial *(apoio a uma equipa de 10 pessoas)* | | 25 de setembro: diretora comercial *(verão: curso de italiano)* | | |
| Conhece o namorado *(técnico de informática)* | | Casamento *(lua de mel nos Açores)* | | janeiro: nascimento da filha | 23 de fevereiro: mudança de casa |

1. A Rita ______________ (acabar) a universidade em 2005.
2. Quando a Rita ______________ (estar) na universidade, ______________ (trabalhar) como rececionista ao mesmo tempo.
3. Quando a Rita ______________ (estar) na universidade, ______________ (conhecer) o namorado, que ______________ (ser) técnico de informática.
4. Em 2006, ______________ (começar) a trabalhar como assistente comercial, uma função em que ______________ (dar) apoio a uma equipa de 10 pessoas.
5. Quando a Rita ______________ (ser) assistente comercial, ______________ (casar-se).
6. Na lua de mel, ______________ (ir) pela primeira vez aos Açores.
7. A 25 de setembro de 2010, ______________ (tornar-se) diretora comercial.
8. No verão de 2010, ______________ (tirar) um curso de italiano.
9. Em janeiro de 2011, quando a Rita ______________ (ser) diretora comercial, a filha ______________ (nascer) e ela ______________ (ficar) em casa cinco meses.
10. No dia 23 de fevereiro de 2012, ______________ (mudar) de casa.

**2. Tome nota das expressões usadas no exercício anterior para indicar…**
*Note the expressions used in the previous exercice to indicate…*

| | |
|---|---|
| **datas / dias** | |
| **meses** | |
| **anos** | |
| **estações do ano** | |

## INDICAR RESPONSABILIDADES

**Transforme as frases para a voz passiva. Siga o exemplo.**
*Change the sentences to the passive voice. Follow the example.*

1. A empresa holandesa gere a logística interna.
   *A logística interna é gerida pela empresa holandesa.*
2. Eles renegoceiam o contrato todos os anos.
   ______________________________
3. O temporal destruiu a mercadoria.
   ______________________________
4. Diminuímos o tempo de armazenagem dos produtos.
   ______________________________
5. A empresa de *outsourcing* apresentou novas despesas.
   ______________________________
6. A greve atrasou o transporte da matéria-prima.
   ______________________________
7. Os aeroportos desviaram os voos para outra zona.
   ______________________________
8. Nós asseguramos uma receção adequada das vossas encomendas.
   ______________________________
9. A subida do preço do combustível aumentou o preço final do produto.
   ______________________________
10. O fornecedor alargou o prazo de entrega.
    ______________________________
11. Eles têm de expedir os contentores até amanhã sem falta!
    ______________________________
12. Armazenaram-se os contentores no porto de Roterdão.
    ______________________________
13. Contratou-se uma nova empresa para gerir as operações do armazém.
    ______________________________

**VOZ PASSIVA**
**EXPRESSÃO PERIFRÁSTICA DE DURAÇÃO**
**EXPRESSÃO PERIFRÁSTICA DE FUTURO**
**PRONOMES (COM PREPOSIÇÕES)**
GERAL | ORGANIZAÇÃO DE EVENTOS

# DESCREVER ETAPAS NA ORGANIZAÇÃO DE UM EVENTO

**Transforme as frases seguindo o exemplo.**
*Change the sentences following the example.*

## Ⓐ Agora...

| | |
|---|---|
| 1. o serviço de tradução / contactar / o Nelson | ⇨ *O serviço de tradução está a ser contactado pelo Nelson.* |
| 2. o alojamento / organizar / eu | ⇨ |
| 3. o *site* / atualizar / nós | ⇨ |
| 4. o transporte / alugar / a Elsa | ⇨ |
| 5. o problema informático / resolver / o técnico | ⇨ |
| 6. a programação / tratar / o diretor | ⇨ |
| 7. os documentos / digitalizar / a secretária | ⇨ |
| 8. os *posters* / imprimir / a tipografia | ⇨ |
| 9. as despesas / pagar / o programa *Oikos* | ⇨ |
| 10. a organização / pôr em causa / os oradores | ⇨ |

## Ⓑ Na conferência, na próxima semana...

| | |
|---|---|
| 1. o projeto / financiar / a fundação | ⇨ *O projeto vai ser financiado pela fundação.* |
| 2. o problema / estudar / a delegação | ⇨ |
| 3. a viagem / pagar / a Comissão Executiva | ⇨ |
| 4. a delegação francesa / acolher / eu | ⇨ |
| 5. conceder / uma tarde livre | ⇨ |
| 6. a apresentação do tema / fazer / o professor Xavier | ⇨ |
| 7. o dinheiro para as despesas de representação / disponibilizar / brevemente | ⇨ |
| 8. a mesa-redonda / liderar / o chefe de departamento | ⇨ |
| 9. o tema / apresentar / a diretora | ⇨ |
| 10. o *catering* / fornecer / a empresa *Colher de Pau* | ⇨ |

## ORGANIZAR UM EVENTO

**Reescreva as frases seguindo o exemplo.**
*Rewrite the sentences following the example.*

1. O Presidente da Câmara Municipal sugeriu o local à diretora.
   *O local foi sugerido à diretora pelo Presidente da Câmara Municipal.*
2. A assistente reservou o hotel para 150 pessoas.
   ______________________________
3. A diretora financeira pediu vários orçamentos.
   ______________________________
4. Elegeu-se o ambiente como o tema deste ano.
   ______________________________
5. A empresa gráfica imprimiu os desdobráveis.
   ______________________________
6. Abriu-se o evento aos familiares dos colaboradores da empresa.
   ______________________________
7. O departamento de *marketing* fez um concurso.
   ______________________________
8. Inscreveram-se mais de 100 pessoas no concurso.
   ______________________________
9. A sede internacional da empresa pagou todo o evento.
   ______________________________
10. Os colaboradores das sucursais viram o evento na *intranet*.
    ______________________________
11. Muitos colaboradores exprimiram a opinião numa caixa de comentários.
    ______________________________
12. O diretor-geral entregou os prémios de criatividade.
    ______________________________
13. Satisfizeram-se todas as expectativas!
    ______________________________

NÍVEL **A2**

FICHA **11**

**VOZ PASSIVA**
**PARTICÍPIO PASSADO (VERBOS IRREGULARES)**
COMERCIAL

## CHEFIAR UMA LOJA

**Responda às perguntas seguindo o exemplo.**
*Answer the questions following the example.*

| | |
|---|---|
| 1. Quem é que abriu a loja? | ⇨ *A loja foi aberta pelo Paulo.* |
| 2. Quando é que aceitaram a entrega? | ⇨ |
| 3. Quem é que ligou o ar condicionado? | ⇨ |
| 4. Quem é que descobriu o erro nas contas? | ⇨ |
| 5. Quando é que dispuseram esta loja assim? | ⇨ |
| 6. Quem é que disse esta frase vergonhosa? | ⇨ |
| 7. Quem é que elegeu este produto como produto do ano? | ⇨ |
| 8. Quando é que entregaram esta encomenda? | ⇨ |
| 9. Quem é que escreveu a resposta nas redes sociais? | ⇨ |
| 10. Quem é que expôs este assunto nas redes sociais? | ⇨ |
| 11. Como é que extinguiram o fogo? | ⇨ |
| 12. Quem é que fez esta decoração tão bonita? | ⇨ |
| 13. Quem é que ganhou o prémio de colaborador do mês? | ⇨ |
| 14. Como é que gastaram tanto papel? | ⇨ |
| 15. Quando é que impuseram estas regras? | ⇨ |
| 16. Quem é que nos inscreveu no concurso de qualidade? | ⇨ |
| 17. Quem é que limpou esta sala? | ⇨ |
| 18. Quem é que pagou este produto? | ⇨ |
| 19. Quem é que pôs este comentário no *site*? | ⇨ |
| 20. Onde é que prenderam o cabo da Internet? | ⇨ |
| 21. Quem é que propôs o novo menu? | ⇨ |
| 22. Quem é que salvou a situação? | ⇨ |
| 23. Quem é que sujou a loja? | ⇨ |
| 24. Quando é que suspenderam a TV por cabo? | ⇨ |
| 25. Quando é que viram o nível de ruído pela última vez? | ⇨ |

## APRESENTAR AGRADECIMENTOS

**Preencha os espaços com os pronomes apropriados.**
*Fill in the blanks with the right pronouns.*

Ⓐ

Ao **Senhor Oliveira**,

Agradecemos-_____ a sua preciosa colaboração na nossa empresa nestes últimos 20 anos. Sem __________, não tínhamos chegado onde estamos hoje. Vamos lembrar-nos de __________ em todos os momentos de *stress*. Contamos __________ em todas as futuras festas de Natal da nossa empresa.

Assim, damos-_____ esta lembrança para não se esquecer de nós!

Ⓑ

À **São**,

Conheço-_____ desde que cá chegaste, cheia de energia! Lembro-me de __________ com 23 anos e sempre a querer inovar. Pois agora chegou o momento de novos desafios… Agradecemos-_____ a tua preciosa colaboração na nossa empresa nestes últimos seis anos. Sem __________, não tínhamos chegado onde estamos hoje. Vamos lembrar-nos de __________ em todas as reuniões. Contamos __________ na próxima festa de Natal da nossa empresa.

Sem mais palavras, damos-_____ esta lembrança para não te esqueceres de nós!

Ⓒ

A **vocês**, comerciais, que estão no terreno,

Sem __________, não tínhamos chegado onde estamos hoje! A __________ preciosa colaboração durante este último ano permitiu-nos manter os bons resultados do ano passado. O mínimo que posso fazer é agradecer-_____ e pedir-_____ a mesma qualidade de trabalho! Continuamos a contar __________ e com o vosso empenho no ano que aí vem!

Divirtam-_____ e mantenham o bom trabalho!

Assim, damos-_____ esta lembrança para não se esquecerem de nós!

FICHA 13

# CONTRAÇÃO DA PREPOSIÇÃO *COM* COM PRONOMES PESSOAIS

GERAL

## MARCAR ENCONTROS

**Assinale a frase correspondente à imagem.**
*Mark the sentence corresponding to the image.*

①

a) Onde é que posso ir ter convosco?
b) Onde é que posso ir ter contigo?
c) Onde é que podemos ir ter consigo?

③

a) Onde é que posso ir ter convosco?
b) Onde é que podemos ir ter consigo?
c) Onde é que podemos ir ter contigo?

②

a) Onde é que podemos ir ter contigo?
b) Onde é que posso ir ter contigo?
c) Onde é que posso ir ter consigo?

④

a) Onde é que posso ir ter convosco?
b) Onde é que podemos ir ter consigo?
c) Onde é que podemos ir ter contigo?

# DESCREVER AS FÉRIAS

**Complete as frases com os verbos listados abaixo na 1.ª pessoa do plural.**
*Complete the sentences with the verbs listed below in the 1st person plural.*

| | |
|---|---|
| deitar-se | concentrar-se (em) |
| encontrar-se (com) | permitir-se |
| reunir-se (com) | ir-se embora |
| esquecer-se (de) | preocupar-se (com) |
| desligar-se (de) | arrepender-se (de) |
| lembrar-se (de) | queixar-se (de) |

**As férias...**

Como *nos levantamos* cedo, *divertimo-nos* mais!

Raramente (1) ____________________ cedo: as noites são longas! Assim, todos os dias, (2) ____________________ uma boa sesta!

Geralmente, (3) ____________________ com amigos, (4) ____________________ com a família, mas, infelizmente, nunca (5) ____________________ do trabalho.

Quando (6) ____________________ num bom filme, não (7) ____________________ com problemas. (8) ____________________ sempre de ler bons livros e quase que (9) ____________________ do mundo. Mas também (10) ____________________ do trânsito e (11) ____________________ de perder tanto tempo nas filas!

Assim, todos os anos, (12) ____________________ sem tristeza!

NÍVEL **A2**

FICHA **15**

# PRONOMES COMPLEMENTO OBJETO DIRETO E COMPLEMENTO OBJETO INDIRETO (3.ª PESSOA DO SINGULAR)

GERAL

## FALAR EM SITUAÇÕES SOCIAIS

**Substitua a expressão *o senhor/a senhora* pelo pronome correspondente.**
*Replace the expression* o senhor/a senhora *with the correct pronoun.*

### Ⓐ

| | |
|---|---|
| 1. Prazer em conhecer o senhor. | ⇨ |
| 2. Queria conhecer o senhor há muito tempo! | ⇨ |
| 3. Agradeço ao senhor o convite. | ⇨ |
| 4. Contactei o senhor muitas vezes por telefone. | ⇨ |
| 5. Queria apresentar o senhor à nossa diretora. | ⇨ |
| 6. Posso pedir ao senhor para se sentar aqui? | ⇨ |
| 7. Conheci o senhor numa conferência em novembro. | ⇨ |
| 8. Gostei de ouvir o senhor no debate. | ⇨ |
| 9. Como posso contactar o senhor? | ⇨ |
| 10. Ontem, telefonei ao senhor e não consegui contactar o senhor. | ⇨ |

### Ⓑ

| | |
|---|---|
| 1. Prazer em conhecer a senhora. | ⇨ |
| 2. Queria conhecer a senhora há muito tempo! | ⇨ |
| 3. Agradeço à senhora o convite. | ⇨ |
| 4. Contactei a senhora muitas vezes por telefone. | ⇨ |
| 5. Queria apresentar a senhora à nossa diretora. | ⇨ |
| 6. Posso pedir à senhora para se sentar aqui? | ⇨ |
| 7. Conheci a senhora numa conferência em novembro. | ⇨ |
| 8. Gostei de ouvir a senhora no debate. | ⇨ |
| 9. Como posso contactar a senhora? | ⇨ |
| 10. Ontem, telefonei à senhora e não consegui contactar a senhora. | ⇨ |

## DESCREVER NOVAS VANTAGENS

**Preencha os espaços seguindo o exemplo.**
*Fill in the blanks following the example.*

**Um armazém com novo sistema de gestão automatizada...**

1. Antes, o armazém *estava* desorganizado. Agora, não *está*. (estar)
2. Dantes, ____________ *stock*. Agora, não ____ ______. (faltar)
3. Antes, nós não ____________ os produtos. Agora, ____________ facilmente. (encontrar)
4. Antigamente, o inventário ____________ muito tempo. Atualmente, não ____________ nada. (demorar)
5. Antes, nós ____________ demasiadas operações. Agora, ____________ muito menos. (fazer)
6. Antes, ____________ muitas ruturas de *stock*. Agora, não ____________. (haver)
7. Dantes, nós ____________ dificuldade em encontrar referências. Agora, não ____________. (ter)
8. Antigamente, os inventários ____________ grandes diferenças. Atualmente, não ____________. (ter)
9. Antes, a informação ____________ de pouca confiança. Agora, não ____________. (ser)
10. Antigamente, nós ____________ muitos funcionários. Hoje, ____________ poucos. (ser)
11. Antes, a monitorização ____________ má. Agora, ____________ boa e permanente. (ser)
12. Dantes, as perdas ____________ constantes. Hoje, ____________ raras. (ser)
13. Antes, a empresa ____________ muitos custos. Atualmente, ____________ menos. (ter)
14. Antes, nós ____________ poucas referências. Agora, ____________ em todos os produtos. (pôr)
15. Antes, eu ____________ muitas vezes à fábrica. Agora, não ____________. (ir)
16. Antigamente, nós ____________ consultar os dossiês. Agora, ____________ ver toda a informação no computador. (ir)
17. Dantes, eu ____________ de validar a saída. Agora, ____________ de pedir autorização. (ter)
18. Antigamente, ninguém ____________ ao armazém. Hoje, ____________ todos para ver os bons resultados! (vir)

NÍVEL **A2**

FICHA **17**

# PRETÉRITO IMPERFEITO DO INDICATIVO
# PRETÉRITO PERFEITO SIMPLES DO INDICATIVO

COMERCIAL

## EXPERIÊNCIA DE CONSUMO

**Preencha os espaços com a forma verbal correta. Siga o exemplo.**
*Fill in the blanks with the correct verbal form. Follow the example.*

| Ⓐ Como é que a minha mãe fazia compras antes? | Ⓑ Como é que eu fiz compras ontem? |
|---|---|
| 1. *Ia* (ir) ao minimercado da rua. | 1. *Fiz* (fazer) as compras num hipermercado. |
| 2. Só ___________ (fazer) compras no minimercado do Sr. Santos. | 2. ___________ (fazer) também compras no minimercado da minha rua. |
| 3. ___________ (falar) 5 minutos com o Sr. Santos. | 3. ___________ (falar) com diferentes operadores sobre as compras. |
| 4. ___________ (ir) às compras até às 18h. | 4. ___________ (ir) às compras às 21h. |
| 5. Raramente ___________ (ter) descontos. | 5. ___________ (ter) desconto em sete produtos. |
| 6. ___________ (demorar) muito tempo a escolher. | 6. ___________ (demorar) meia hora a fazer as compras para toda a semana. |
| 7. Não ___________ (comparar) preços. | 7. ___________ (comparar) preços no meu telemóvel. |
| 8. ___________ (comprar) o que ___________ (precisar). | 8. ___________ (comprar) produtos para guardar na despensa. |
| 9. ___________ (preferir) comprar produtos frescos. | 9. ___________ (preferir) comprar produtos pré-cozinhados. |
| 10. ___________ (escolher) fruta da época. | 10. ___________ (escolher) fruta importada e exótica. |
| 11. Nunca ___________ (experimentar) nada novo. | 11. ___________ (experimentar) três produtos novos. |
| 12. O Sr. Santos ___________ (levar) as compras a casa. | 12. ___________ (levar) as compras sozinha para casa. |
| 13. Só ___________ (frequentar) as lojas da rua onde morava. | 13. ___________ (frequentar) centros comerciais e hipermercados. |
| 14. ___________ (ter) pouca variedade disponível de produtos. | 14. ___________ (ter) de escolher entre 20 marcas de champôs. |
| 15. ___________ (ir) a pé. | 15. ___________ (ir) de carro. |
| 16. ___________ (confiar) no Sr. Santos. | 16. ___________ (confiar) nas etiquetas dos produtos. |
| 17. ___________ (ser) fiel às mesmas marcas. | 17. ___________ (preferir) marcas de distribuição. |

PRETÉRITO PERFEITO SIMPLES DO INDICATIVO VS. PRETÉRITO IMPERFEITO DO INDICATIVO

RECURSOS HUMANOS | HOTELARIA

FICHA 18

## DESCREVER CARGOS PASSADOS

**Assinale a opção correta.**
*Mark the right option.*

Ⓐ

**José Alexandre**

2002 – 2004: rececionista no hotel *Lacla* (Braga)

2004 – 2008: chefe de receção no hotel *Lacla* (Porto) + formação em Gestão Hoteleira à noite

2008 – 2013: *General Manager* (GM) do Hotel *Lacla* (Porto)

Quando o José (1) **iniciou/iniciava** a carreira, (2) **começou/começava** na receção do hotel *Lacla*, em Braga. Aí, ele (3) **reportou/reportava** ao chefe de receção. Durante dois anos, ele (4) **trabalhou/trabalhava** no hotel *Lacla*, em Braga. Em 2004, o José (5) **mudou-se/mudava-se** para o Porto. No Porto, (6) **foi/era** o primeiro chefe de receção com menos de 30 anos e (7) **reportou/reportava** diretamente ao GM do hotel. Durante dois anos, (8) **estudou/estudava** Gestão Hoteleira na universidade, à noite. Quatro anos depois, (9) **tornou-se/tornava-se** GM do hotel *Lacla*, no Porto. Nessa posição, ele (10) **chefiou/chefiava** quotidianamente uma equipa de 50 pessoas.

Ⓑ

**Alexandra Barros**

2005 – 2010: técnica de contabilidade numa PME + universidade de Contabilidade

2010 – 2014: chefe de contabilidade

2014: diretora financeira

Durante cinco anos, a Alexandra (1) **acumulou/acumulava** duas funções: estudante e contabilista. Enquanto (2) **estudou/estudava** Contabilidade, (3) **começou/começava** a trabalhar num gabinete de contabilidade. Quando (4) **acabou/acabava** o curso universitário, (5) **tornou-se/tornava-se** chefe de contabilidade numa empresa média. (6) **Foi/Era** chefe de contabilidade durante quatro anos e (7) **geriu/geria** diariamente uma equipa de cinco pessoas. Nesses quatro anos, enquanto a Alexandra (8) **ganhou/ganhava** experiência, a empresa também (9) **cresceu/crescia**. O diretor-geral (10) **promoveu/promovia** a Alexandra a diretora financeira, pois já (11) **teve/tinha** confiança nela.

NÍVEL **A2**

FICHA **19**

## PRETÉRITO IMPERFEITO DO INDICATIVO (COM VALOR DE CONDICIONAL)

GERAL

## GERIR PESSOAS

**Preencha os espaços seguindo o exemplo.**
*Fill in the blanks following the example.*

Ⓐ

**O meu antigo chefe...**

1. ... *gritava* (gritar) e ________________ (ser) impulsivo.
2. ... ________________ (ameaçar) e ________________ (desrespeitar) as pessoas.
3. ... ________________ (sentir-se) ameaçado pela competência dos colaboradores.
4. ... ________________ (ter) pouco método e disciplina no trabalho.
5. ... não ________________ (fazer-se) respeitar.
6. ... ________________ (gerir) mal o tempo nas reuniões.
7. ... ________________ (ter) pouca experiência na área.
8. ... ________________ (impor) decisões sem ouvir as pessoas.
9. ... ________________ (ser) desconfiado.
10. ... ________________ (manter) as decisões centralizadas.
11. ... ________________ (discriminar) pessoas.
12. ... raramente ________________ (agradecer) o trabalho feito.
13. ... ________________ (abster-se) de justificar as suas decisões.
14. ... não ________________ (opor-se) ao chefe dele.
15. ... não ________________ (esclarecer) as equipas que ________________ (liderar).

Ⓑ

**Eu, no lugar dele,...**

1. ... ________________ (controlar) os meus impulsos.
2. ... ________________ (respeitar) mais as pessoas.
3. ... ________________ (aproveitar) as capacidades de todos os colaboradores.
4. ... ________________ (ser) mais organizado e disciplinado no trabalho.
5. ... ________________ (manter) o respeito.
6. ... ________________ (definir) uma hora para o início e o fim das reuniões.
7. ... ________________ (investir) na formação.
8. ... ________________ (desenvolver) competências de escuta ativa.
9. ... ________________ (confiar) mais nas pessoas.
10. ... ________________ (delegar) mais tarefas.
11. ... ________________ (ser) imparcial.
12. ... ________________ (elogiar) mais o trabalho dos funcionários.
13. ... ________________ (justificar) as minhas decisões às equipas.
14. ... ________________ (defender) a minha equipa.
15. ... ________________ (tornar) claro o que ________________ (esperar) das equipas.

## FALAR AO TELEFONE

**Numere as frases dos diálogos na ordem correta.**
*Number the sentences of the conversations in the right order.*

### Ⓐ Engano

a) Desculpe! Bom dia! ☐
b) Bom dia! Estou a falar com a *Latapex*? ☐
c) Deve ser engano. Daqui fala Carla Matias. ☐

### Ⓑ Deixar recado

a) Não é necessário. Eu volto a ligar mais tarde. ☐
b) O telefone está impedido. Quer deixar um recado/uma mensagem? ☐
c) Bom dia! Daqui fala José Mateus. Gostava de falar com alguém sobre a reunião de ontem. ☐
d) Um momento, vou passar a chamada. ☐

### Ⓒ Falar com alguém

a) Sim, é o próprio. ☐
b) Boa tarde. Estou a falar com o José Matias? ☐
c) Estou a ligar por causa de... ☐
d) Estou? ☐

### Ⓓ Interromper chamada

a) Bom dia! Daqui fala Alberto Martins. ☐
b) Bom dia. Podia fazer a ligação para o departamento de *marketing*, por favor? ☐
c) Desculpe, já volto a ligar! Estou com um problema no carro! ☐
d) Não faz mal. Até já! ☐
e) Vou já transferir a chamada. ☐

### Ⓔ Pedir ligação

a) Desculpe, a linha está ocupada. ☐
b) Aguarde um momento, se faz favor. Vou já fazer a ligação. ☐
c) Bom dia! Podia fazer a ligação para o serviço de pós-venda, por favor? ☐
d) Não faz mal, eu espero. ☐
e) Com certeza. Obrigado. ☐

# ENRIQUECIMENTO VOCABULAR

GERAL

## APRESENTAR RESULTADOS (LER GRÁFICOS)

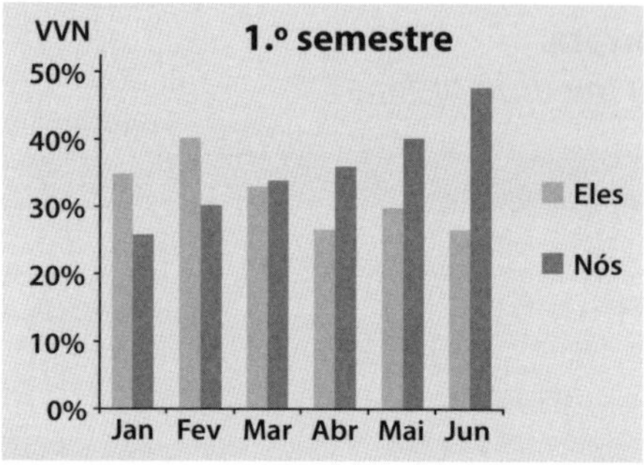


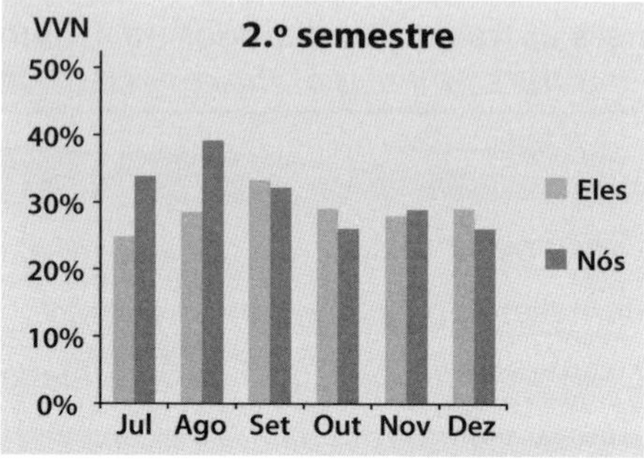


**1. Indique a qual dos gráficos pertencem as frases.**
*Write the chart described in each sentence.*

1. No sexto mês, eles recuaram para quase metade do nosso VVN. *1.º semestre*
2. Começámos a crescer no início, mas tivemos uma tendência de perda. ____________
3. Durante o semestre, a nossa tendência foi de crescimento progressivo. ____________
4. Eles começaram com uma subida acentuada, mas depois os resultados entraram em queda. ____________
5. Este foi um semestre de progressão para nós! ____________
6. Foi um semestre difícil, com muitos avanços e recuos. ____________
7. Neste semestre, o nosso VVN está a baixar. ____________
8. No terceiro mês, a diferença entre nós diminuiu: estávamos quase ao mesmo nível. ____________
9. Nos primeiros três meses, eles aumentaram os resultados. ____________
10. O semestre acabou com um mau resultado: eles ultrapassaram-nos! ____________
11. Os nossos resultados foram melhores neste semestre! ____________

**2. Preencha as colunas com o verbo e o nome corretos.**
*Fill in the columns with the right verb and noun.*

| Verbo | Nome |
|---|---|
| recuar | ____________ |
| crescer | ____________ |
| ____________ | a perda |
| ____________ | a subida |
| ____________ | a queda |
| ____________ | a progressão |

| Verbo | Nome |
|---|---|
| ____________ | o ganho |
| diminuir | ____________ |
| aumentar | ____________ |
| ultrapassar | ____________ |
| vencer | ____________ |
| ____________ | o avanço |

# RESPONDER A *E-MAILS*

**Preencha os espaços com as preposições corretas.**
***Fill in the blanks with the right prepositions.***

①

**De:** Carlos Costa
**Para:** Restaurante "O Amigo"
**Assunto:** Reservar restaurante para grupo (empresa)

Bom dia,
Queria reservar uma mesa ________ 15 pessoas ________ nome de Carlos Costa ________ o dia 16 de novembro.

②

**De:** Leonor
**Para:** Regina, Diogo e Bela
**Assunto:** Marcar reunião com cliente

Bom dia a todos,
Vou marcar a reunião com o cliente espanhol. Eles só podem ________ dia 12, mas é segunda-feira e nós temos reunião geral de empresa ________ segundas... Não queria adiar a reunião ________ março porque temos de entregar um relatório ________ meados do mês. E ________ final do mês, precisamos de ter isto concluído.
Qual é a vossa disponibilidade ________ próximas terça-feira e quinta-feira?

③

**De:** Manuel Dias, Lda.
**Para:** Afonso Manuel
**Assunto:** Formas de pagamento

Bom dia,
Tal como informámos, pode efetuar o pagamento ________ numerário ou ________ transferência. Neste caso, precisamos ________ comprovativo, que deve enviar ________ o seguinte endereço: abc@mail.com. Pagamentos através ________ cheque só podem ser feitos ________ nossa loja (e só são aceites ________ boa cobrança).
Esperamos ________ sua resposta o mais brevemente possível.

④

**De:** Paula
**Para:** Luís
**Assunto:** Problemas com a encomenda nº 115/18

Boa tarde,
Quando soubemos ________ vosso problema ________ relação à encomenda, telefonámos logo ________ a empresa de logística. Falámos ________ o responsável e pedimos ________ contactar a pessoa que tratou ________ encomenda. Infelizmente, essa pessoa tinha acabado ________ sair...
Voltamos ________ contactar-vos brevemente.

## ESTRUTURAR *E-MAILS*

**Organize as expressões na categoria correta.**
*Organize the expressions in the right category.*

- Agradecendo desde já a atenção,
- Anexo um documento para...
- Caro/a...
- Caro Sr. / Cara Sra.,
- Com os melhores cumprimentos,
- Conforme o que foi dito no *e-mail*/telefonema anterior,
- Cumprimentos,
- Dando seguimento ao pedido feito,
- Envio, em anexo, o documento.
- Espero uma resposta o mais brevemente possível,
- Exmo. Sr. (Dr.) / Exma. Sra. (Dra.),
- Exmos. Srs.,
- Infelizmente, não é possível dar seguimento ao seu pedido.
- Isabel,
- Junto envio um documento.
- Não nos é possível dar resposta à sua encomenda porque...
- Peço uma resposta rápida,
- Respondendo ao *e-mail* anterior,

| | |
|---|---|
| **Fórmulas iniciais** | |
| **Responder** | |
| **Pedir resposta** | |
| **Enviar algo** | |
| **Fórmulas finais** | |
| **Negar** | |

## LINGUAGEM FORMAL I

**Preencha as colunas abaixo com os verbos dados e o nome correspondente.**
***Fill in the columns below with the listed verbs and then write the noun.***

abster-se (de) | afirmar | alcançar | alterar | apresentar | aproximar-se (de)
colocar (em) | concluir | contradizer | eliminar | executar | existir
hesitar em | iniciar | obter | ocorrer | oferecer | pretender | registar

| Informal | Formal (verbo) | Formal (nome) |
|---|---|---|
| não dizer, não fazer | | |
| acabar | | *a conclusão* |
| acontecer | | |
| dizer | | |
| querer | | |
| chegar ao pé de | | |
| chegar a | | |
| pôr em | | |
| começar | | |
| conseguir | | |
| dizer o contrário | | |
| dar | | |
| fazer | | |
| não ter a certeza de | | *a hesitação* |
| mostrar | | |
| mudar | | |
| escrever | | |
| ser, haver | | |
| acabar com | | |

**ENRIQUECIMENTO VOCABULAR**
GERAL

## LINGUAGEM FORMAL II

**1. Preencha os espaços com palavras da ficha anterior.**
*Fill in the blanks with the words from the previous exercise sheet.*

1. ______________ de exprimir a minha opinião!
2. Os nossos objetivos não ______________ no ano passado por nenhuma equipa.
3. Os trabalhos são para ______________ até ao final do ano.
4. A ______________ dos trabalhos foi adiada para o início do próximo ano.
5. Ele ______________ em comprar uma casa nova porque era demasiado cara.
6. Nós ______________ o seu nome na lista de convidados.
7. O objetivo dela é ______________ o diploma o mais rapidamente possível.
8. O *e-mail* ajuda a ______________ por escrito toda as comunicações.
9. A Santa Casa da Misericórdia ______________ o projeto porque não obteve resultados.
10. Ele ______________-se numa posição delicada.

**2. Reescreva as frases com as palavras da ficha anterior. Siga o exemplo e faça as alterações necessárias.**
*Rewrite the sentences using the words from the previous exercise sheet. Follow the example and do the necessary changes.*

1. O que é que ele <u>quer</u> fazer com o diploma? *O que é que ele pretende fazer com o diploma?*
2. O que ele <u>disse</u>, está <u>dito</u>. ______________
3. É difícil <u>chegar ao pé</u> dele. ______________
4. A que objetivos quer <u>chegar</u> no próximo ano? ______________
5. Quando é que <u>começas</u> o curso? ______________
6. Ele está sempre a <u>dizer o contrário</u> do que disse antes! ______________
______________
7. O que é que o banco te <u>deu</u> este Natal? ______________
8. Esta é uma ideia difícil de <u>fazer</u>! ______________
9. Esta reunião é para <u>mostrar</u> resultados. ______________
10. Vamos <u>acabar</u> este processo depressa. ______________
11. O que <u>aconteceu</u> na reunião foi triste. ______________
12. Este relatório tem tudo <u>escrito</u>. ______________
13. Não <u>há</u> problemas neste processo. ______________

## DIZER O QUE OS OUTROS DIZEM...

**Comece as frases abaixo com a expressão *Ele disse que*.**
*Start the sentences below with the expression* Ele disse que.

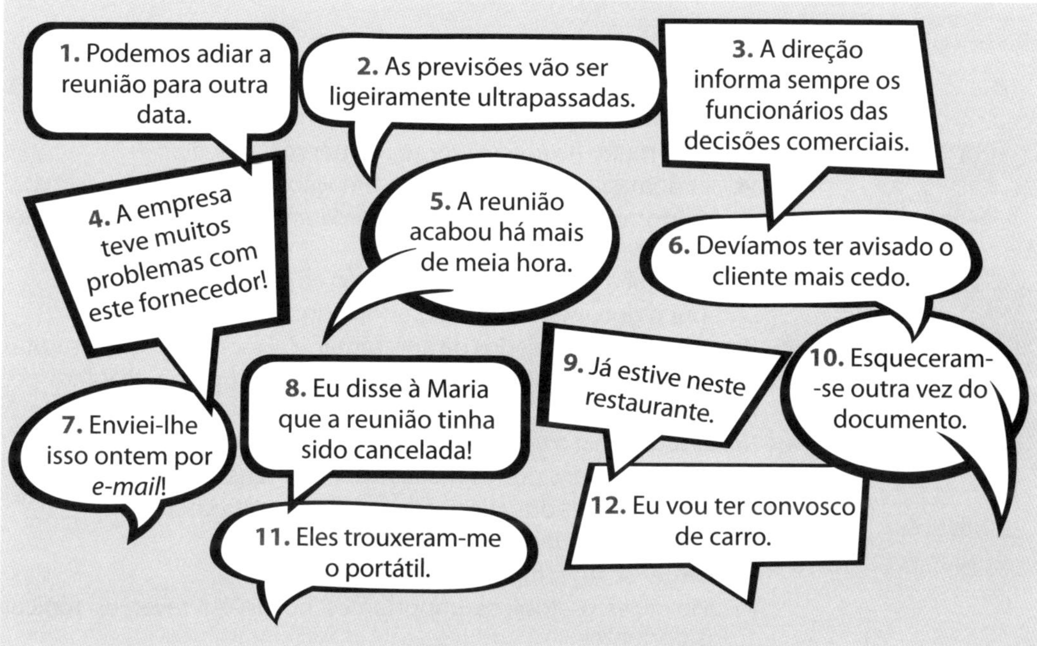


1. *Ele disse que podíamos adiar a reunião para outra data.*
2. ____________________
3. ____________________
4. ____________________
5. ____________________
6. ____________________
7. ____________________
8. ____________________
9. ____________________
10. ____________________
11. ____________________
12. ____________________

# DESCREVER SOLUÇÕES PARA PROBLEMAS PASSADOS

**Faça frases seguindo o exemplo.**
*Write sentences following the example.*

**Uma reunião que correu mal...**

1. levantar-se tarde / acordar mais cedo
2. chegar atrasado / ir de táxi
3. tossir muito na apresentação / beber mais água
4. ser demasiado rápido na apresentação / falar com mais calma
5. interromper a reunião por causa de um telefonema / responder com uma SMS
6. demorar a encontrar o documento na *pen* / limpar a *pen*
7. abrir o documento errado / abrir o documento certo
8. enganar-se nos dados da apresentação / escrever algumas notas
9. enganar-se na ordem da apresentação / imprimir as folhas por ordem
10. formular mal o texto dos diapositivos / escrever de outra forma
11. incluir imagens pouco nítidas / pôr imagens mais nítidas
12. pôr dados errados / ver os dados com o meu chefe
13. propor duas ideias / propor mais ideias
14. alargar-se no tempo / fazer menos pausas
15. não dizer os tópicos importantes no final / rever os tópicos importantes

1. *Levantei-me tarde; devia ter acordado mais cedo.*
2. ______________________________
3. ______________________________
4. ______________________________
5. ______________________________
6. ______________________________
7. ______________________________
8. ______________________________
9. ______________________________
10. ______________________________
11. ______________________________
12. ______________________________
13. ______________________________
14. ______________________________
15. ______________________________

## ADVÉRBIOS DE MODO
GERAL



## MOTIVAR

**1. Reescreva as expressões seguindo o exemplo.**
*Rewrite the expressions following the example.*

| | Adjetivo (feminino) | Advérbio |
|---|---|---|
| com franqueza | *franca* | *francamente* |
| com atenção | | |
| com alegria | | |
| com conforto | | |
| com entusiasmo | | |
| com dificuldade | | |
| sem cessar | | |
| com tristeza | | |
| com lentidão | | |
| sem cuidado | | |
| em teoria | | |
| em hipótese | | |
| sem consciência | | |
| por eventualidade | | |
| com precipitação | | |
| com cuidado | | |
| sem preocupação | | |
| com confiança | | |
| com naturalidade | | |

**2. Escolha alguns advérbios do exercício anterior para completar as frases abaixo.**
*Choose some adverbs from the previous exercice to complete the sentences below.*

**No próximo ano,...**

1. ... vamos procurar *incessantemente* uma resposta para os nossos problemas logísticos!
2. ... não vamos arrastar os projetos ____________, mas sim acabar no prazo previsto!
3. ... não vamos apresentar as nossas campanhas ____________ e sem profissionalismo!
4. ... vamos, ____________, aumentar a força de vendas. Mas ainda não é certo...
5. ... vamos abandonar ____________ esta sede velha e ir para uma nova!
6. ... vamos falar ____________ e com abertura!
7. ... vamos procurar ____________ todos os erros dos nossos processos e corrigi-los!
8. ... vamos sentar-nos ____________ nas novas cadeiras!
9. ... vamos trabalhar ____________ e com muito empenho nas novas campanhas!
10. ... vamos começar ____________ e com boa disposição!
11. ... vamos, ____________, tentar acabar com o desperdício alimentar na cantina: não vamos continuar ____________ a deitar 25 kg semanais de alimentos para o lixo!

FICHA **29**

## PRETÉRITO MAIS-QUE-PERFEITO COMPOSTO DO INDICATIVO
## PARTICÍPIO PASSADO (VERBOS IRREGULARES)

GERAL

## DESCULPABILIZAR-SE

**Preencha os espaços seguindo o exemplo.**
*Fill in the blanks following the example.*

1. Julgava que o tinteiro *tinha sido comprado* (comprar) ontem.
2. Pensava que o ficheiro ________________________ (enviar).
3. Julgava que o dossiê ________________________ (levar) por si.
4. Não sabia que a encomenda não ________________________ (entregar).
5. Não sabia que o cofre ________________________ (abrir).
6. Pensava que o *e-mail* ________________________ (escrever) pelo Carlos.
7. Julgava que a luz ________________________ (acender) hoje de manhã.
8. Pensava que as atas ________________________ (fazer) pela Dalila.
9. Não sabia que o orçamento ________________________ (gastar) completamente.
10. Pensava que os relatórios ________________________ (ver) por todos.
11. Pensava que os temas ________________________ (propor) por eles.
12. Julgava que eles já ________________________ (vir) cá.
13. Só soube ontem que o acordo ________________________ (aceitar).
14. Não sabia que o prémio ________________________ (ganhar) pelo Jorge.
15. Não sabia que o caso ________________________ (reabrir) pelo diretor.
16. Só soube que o candidato ________________________ (eleger) depois de enviar o artigo.
17. Julgava que essas faturas já ________________________ (pagar) pela Rita.
18. Pensava que essas dívidas ________________________ (extinguir).
19. Julgava que o vinil ________________________ (imprimir) a preto e branco, como eu tinha encomendado.
20. Não sabia que o Carlos ________________________ (suspender) do projeto.

# PRETÉRITO MAIS-QUE-PERFEITO COMPOSTO DO INDICATIVO

GERAL

## PERCURSO DE UMA EMPRESA *(DELTA)*

**Preencha os espaços seguindo o exemplo.**
*Fill in the blanks following the example.*

**A *Delta* e o seu fundador, Rui Nabeiro**

1. Antes da *Delta*, já *tinha fundado* (fundar) a *Torrefacção Camelo, lda.* com os tios.
2. Em 1962, quando Rui Nabeiro lançou o *Delta Popular*, já ______________ (criar) a sua própria marca.
3. Quando foi a Revolução de 1974, já ______________ (eleger) Presidente da Câmara Municipal de Campo Maior.
4. Em meados dos anos 70, quando a estrutura comercial da *Delta* se consolidou, já ______________ (lançar) produtos de qualidade global.
5. Na década de 80, como Portugal ______________ (perder) o mercado das colónias em 1974, a *Delta* virou-se para o "mercado da saudade", com enorme sucesso.
6. Até 1994, nenhuma empresa ______________ (certificar-se) neste setor!
7. Quando, em 1998, a *Delta* criou 22 empresas, já se ______________ (dividir) em duas áreas – comercial e industrial – em 1984.
8. Quando realizou a campanha "Um café por Timor", em 2002, a *Delta* já ______________ (certificar) os produtos "Diamante", "Platina" e "Ouro".
9. Para o aparecimento dos vinhos da Adega Mayor, em 2002, já ______________ (fundar) a SEATUR, empresa do grupo dedicada ao turismo e à agricultura.
10. No início do século XXI, a *Delta* ainda não ______________ (completar) o seu *portfolio*: faltava a *Delta Q*!
11. Quando entrou no mercado brasileiro, em 2012, já ______________ (celebrar) 50 anos de existência.

# SOLUÇÕES

**Nível A1**

**Ficha 1 – Descrever o colaborador ideal**

**Aspetos positivos:**

- Está sempre disponível
- Gosta do contacto humano
- Tem espírito de iniciativa
- Tem experiência
- É dinâmico
- Aprecia o trabalho em equipa
- Consegue impor as suas ideias
- Mostra respeito pela opinião dos colegas

**Aspetos negativos:**

- É inexperiente
- Não tem ambição
- Apresenta pouco espírito de iniciativa
- Está desmotivado
- É irresponsável
- Gosta de trabalhar sozinho

**Ficha 2 – Indicar nacionalidades**

2. holandesa
3. italiana
4. francesa
5. americana
6. indiana
7. alemã
8. japonesa
9. sul-coreana
10. britânica
11. finlandesa
12. espanhola
13. portuguesa
14. suíços
15. dinamarqueses
16. brasileira
17. sueco
18. australiana
19. belga
20. chinesa

**Ficha 3 – Descrever problemas informáticos**

**1.**

1. o ecrã
2. a entrada USB
3. o botão para ligar
4. o teclado
5. a coluna de som
6. a *pen* USB
7. o disco externo

**2.**

2. A luz não está a piscar.
3. A impressora não está a imprimir.
4. O computador não está a gravar.
5. O documento não está a fechar.
6. O portátil não está a ligar.
7. Os ficheiros não estão a passar para a *pen*.
8. A entrada USB não está a funcionar.
9. O *tablet* e o telemóvel não estão a emparelhar.
10. A navegação GPS não está a sincronizar.
11. O projetor não está a responder.
12. A lâmpada está a ficar vermelha.
13. A bateria está a aquecer demais.
14. O programa não está a atualizar.
15. O cabo USB não está a passar dados.

**Ficha 4 – Localizar**

**1.**

2. no, numa
3. na, numa
4. no, numa
5. no, numa
6. no, num
7. no, num
8. no, num
9. no, numa
10. na, num
11. no, num
12. no, numa
13. no, numa
14. na, numa
15. na, numa
16. no, numa

**2.**

2. ao
3. aos
4. a/às
5. à
6. ao
7. ao
8. à
9. ao
10. à
11. às
12. à
13. às
14. à
15. aos
16. à

**Ficha 5 – Gerir em crise**

**1.**

1. vão diminuir
2. vamos suprimir
3. vão começar
4. vão baixar
5. vão descer
6. vai mudar
7. vão reduzir
8. vai ser
9. vão ser
10. vai centralizar
11. vai terminar
12. vai ser
13. vai ficar, vai custar
14. vamos demitir

**2.**

1. baixa
2. descida
3. diminuição
4. mudança
5. redução
6. supressão
7. centralização
8. demissão

**Ficha 6 – Agradecer / Felicitar / Desculpar-se**

**1.**

2. pelo
3. pela
4. pela
5. pelas
6. pelas
7. pelos
8. pelos

**2.**

1. pela
2. pela
3. pelo
4. pelo
5. pelos
6. pelos
7. pelas
8. pela

**3.**

1. pelo
2. pelo
3. pela
4. pela
5. pelas
6. pelas
7. pelos
8. pelos

## Ficha 7 – Adaptar uma pergunta

**A.**

2. Podes, 3. Vens, 4. Vais, 5. Consegues, 6. Preferes

**B.**

2. O João pode, 3. O João vem, 4. O João vai, 5. O João consegue, 6. O João prefere

**C.**

2. O senhor diretor pode, 3. O senhor diretor vem, 4. O senhor diretor vai, 5. O senhor diretor consegue, 6. O senhor diretor prefere

**D.**

2. Podem, 3. Vêm, 4. Vão, 5. Conseguem, 6. Preferem

## Ficha 8 – Descrever funções numa empresa

**Diretor de operações**

2. Controla
3. Escolhe
4. Concebe, implementa
5. Gere
6. Prevê
7. Negoceia

**Gerente de loja**

1. Orienta
2. Define
3. Desenvolve
4. Lidera
5. Distribui
6. Faz
7. Antecipa

**Operador de venda**

1. Atende, informa
2. Expõe, repõe
3. Faz
4. Pode
5. Faz
6. Confere, faz
7. Reporta

**Diretor de logística/aprovisionamento**

1. Programa, organiza
2. Otimiza
3. Gere, rentabiliza
4. Prevê
5. Reúne
6. Acompanha
7. Antecipa

## Ficha 9 – Descrever a sua empresa

**1.**

2. c)
3. d)
4. b)
5. f)
6. g)
7. h)
8. i)
9. j)
10. k)
11. l)
12. m)
13. a)

**2.** *Exemplos possíveis:*

2. Importamos produtos/serviços da Irlanda.
3. Numa situação de crise, cortamos nos custos de produção.
4. Vendemos a mercados europeus.
5. Para melhorar as vendas, tentamos identificar potenciais clientes.
6. O nosso público é diversificado.
7. As nossas principais atividades são produção e exportação de maquinaria industrial.
8. O nosso volume médio de negócios é, aproximadamente, 320 milhões.
9. É no próximo mês.
10. Exportamos 85 % e importamos 15 % da nossa produção.
11. Temos 3 mil funcionários.
12. Oferecemos serviços de aconselhamento e manutenção.
13. O nosso principal concorrente é uma empresa de origem marroquina.

## Ficha 10 – Perguntar na receção

1. a)
2. a)
3. b)
4. a)
5. b)
6. b)
7. c)
8. a)
9. c)
10. b)
11. c)
12. a)

## Ficha 11 – Falar de férias e folgas

**1.**

1. b)
2. e)
3. d)
4. c)
5. a)

**2.**

1. Posso começar a trabalhar às 7h30.
2. Podemos combinar a reunião para o dia 13.
3. A fábrica está fechada ao domingo.
4. Trabalhei lá de maio a julho do ano passado.
5. Começámos a atividade no dia 12 de maio.
6. Geralmente, tenho folga aos domingos.
7. Comecei a trabalhar no dia 25.
8. Comecei a trabalhar cá em maio.
9. Estou cá, nesta cidade, há 3 anos.
10. Desde a semana passada que folgo às segundas.

**Ficha 12 – Comparar vendas**

**1.**

2. baratíssimo
3. baixíssimas
4. altíssimo
5. ótima
6. ótimo
7. péssimos
8. fraquíssimo
9. facílimo
10. dificílimo
11. antiquíssimo

**2.**

2. mais baixas
3. melhor
4. pior
5. menor
6. pior
7. melhor
8. maior
9. menor
10. pior
11. melhor
12. maior

**Ficha 13 – Descrever problemas**

2. A nossa questão não está respondida.
3. O nosso chefe é complicado.
4. A nossa apresentação só tem duas frases.
5. O nosso texto é muito extenso.
6. O nosso gráfico não traz vantagens.
7. A nossa empresa continua com problemas.
8. O nosso tema é pouco importante.
9. A nossa agenda está cheia.
10. A nossa carreira está parada.
12. A vossa situação está complicada.
13. O vosso chefe é difícil.
14. A vossa apresentação está muito simples.
15. O vosso texto está muito complexo.
16. O vosso gráfico continua mau.
17. A vossa empresa tem poucas novidades.
18. O vosso *slogan* não tem força.
19. A vossa agenda é uma confusão!
20. A vossa carreira não evolui.

**Ficha 14 – Conversar no *coffee break***

2. O carro dele está no parque?
3. A apresentação dele está preparada?
4. O chefe dele está cá?
5. O telemóvel dele está a carregar?
6. Acho a ideia dele interessante.
7. Gosto da atitude dele!
8. O chá dele tem um aroma ótimo!
9. Gosto muito da pasta dele!
10. O computador dele tem bateria?
12. Qual é a solução dela para aumentar as vendas?
13. A campanha dela está a correr bem?
14. As semanas dela estão a valer a pena?
15. Os clientes dela estão a recomendar a marca?
16. O resultado dela continua alto?
17. A quota de mercado dela está estável?
18. Os resultados dela mantêm-se?
19. As vendas dela estão a correr bem?
20. Acho que a ideia dela é muito boa!

**Ficha 15 – Descrever serviços ou produtos**

2. sólidos
3. rápidos
4. fixas
5. exclusivos
6. simples
7. digitais
8. mensais
9. estáveis
10. fiscais
12. naturais
13. fáceis
14. eficazes
15. visíveis
16. insubstituíveis
17. brilhantes
18. originais
19. ideais, sensíveis
20. inovadoras

**Ficha 16 – Descrever psicologicamente um candidato**

**1.**

| Instrutor de ioga | Diretor criativo | Técnico de informática |
|---|---|---|
| altruísta | criativo | objetivo |
| atrevido | resiliente | organizado |
| bem-disposto | comunicativo | introvertido |
| flexível | persistente | pragmático |
| sensato | arrogante | cerebral |
| extrovertido | excêntrico | discreto |
| calmo | ousado | |
| disponível | direto | |

**2.** *Exemplos possíveis:*

2. Um instrutor de ioga é mais flexível do que um técnico de informática.
3. Um diretor criativo é mais arrogante do que um instrutor de ioga.
4. Um instrutor de ioga é menos cerebral do que um técnico de informática.
5. Um instrutor de ioga é mais altruísta do que um diretor criativo.
6. Um técnico de informática é mais pragmático do que um diretor criativo.
7. Um instrutor de ioga é menos ousado do que um diretor criativo.
8. Um diretor criativo é mais excêntrico do que um técnico de informática.
9. Um técnico de informática é mais organizado do que um instrutor de ioga.
10. Um diretor criativo é mais persistente do que um instrutor de ioga.

## Ficha 17 – Falar sobre pessoas e situações

**1.**

2. Os auditores estão cansados.
3. Aquelas mulheres fazem tudo!
4. Os senhores doutores vão almoçar fora?
5. Os consumidores podem escolher.
6. Os diretores estão ausentes.
7. (Uns) Bons vendedores sabem ouvir.
8. (Uns) Bons chefes são úteis.
9. Os comerciais trazem (umas) novidades.
10. Os responsáveis estão presentes?
11. Os operacionais conhecem as lojas.
12. Os gestores não perdem uma oportunidade.
13. Os instrutores de ioga estão atrasados.
14. Os programadores não saem cedo.
15. Os formadores têm computadores?

**2.**

2. Os nossos colaboradores internacionais são hábeis.
3. São dossiês sensíveis.
4. Estas situações são mensais.
5. As nossas reuniões são semanais?
6. Estes setores estão débeis.
7. São problemas compreensíveis.
8. Estas são decisões difíceis!
9. Os nossos parceiros são ágeis!
10. As empresas deles estão frágeis.
11. As negociações são fáceis.
12. Estes diretores são inflexíveis!
13. Os fatores humanos são comuns nos problemas.
14. Estes extintores são para materiais inflamáveis.
15. Aqueles homens são inábeis a comunicar!

## Ficha 18 – Rotinas da empresa

**1.**

| Semana | Mês | Ano |
|---|---|---|
| Todas as semanas | Todos os meses | Todos os anos |
| **Semanalmente** | Mensalmente | Anualmente |
| Semana sim, semana não | Mês sim, mês não | Ano sim, ano não |
| Uma vez por semana | Uma vez por mês | **Uma vez por ano** |
| De duas em duas semanas | De dois em dois meses | De dois em dois anos |

**2.**

2. ...avalio
3. ...recebem
4. ...almoçam
5. ...temos
6. ...participa
7. ...recolhe
8. ...recebem
9. ...praticam
10. ...celebramos
11. ...reúne-se
12. ...faço
13. ...ganhamos
14. ...promove
15. ...há

## Ficha 19 – Falar a um grupo de pessoas

**A.**

2. Está
3. Toma
4. Tem
5. Pode
6. Consegue
7. Importa-se
8. Quer
9. Dá
10. Joga
11. É
12. Sabe
13. Sai
14. Sente-se
15. Vai
16. Lê
17. Ouve
18. Envia
19. Vem
20. Traz

**B.**

2. Estão
3. Tomam
4. Têm
5. Podem
6. Conseguem
7. Importam-se
8. Querem
9. Dão
10. Jogam
11. São
12. Sabem
13. Saem
14. Sentem-se
15. Vão
16. Leem
17. Ouvem
18. Enviam
19. Vêm
20. Trazem

## Ficha 20 – Descrever desafios

2. Por que tecnologias se interessam?
3. Em que apostam?
4. De que mercados precisam para crescer?
5. Em que é que as pessoas confiam?
6. Com o que é que as empresas se identificam?
7. Em que é que investem?
8. Para quem trabalham?
9. Até onde trabalham?
10. A que países chegam?
11. Desde quando trabalham no novo projeto?
12. Com o que sonham?
13. Por que lutam?

## Ficha 21 – Descrever processos

2. Há distribuição de dividendos.
3. Há uma nova produção na fábrica.
4. Há aumento do volume de negócios com a exportação.
5. Há aposta na Internet das coisas.
6. Há melhoria nas relações com a Europa de Leste.
7. Há procura de novas oportunidades.
8. Há desinvestimento nos mercados asiáticos.
9. Há concorrência com outras empresas.
10. Há investimento em mercados externos.
11. Há diminuição no consumo.
12. Há alargamento do negócio ao mercado africano.

13. Há expansão do mercado agrícola asiático.
14. Há acesso fácil à plataforma para os parceiros.
15. Há aquisição de uma empresa distribuidora.
16. Há subida nas vendas de joalharia.
17. Há descida no preço do transporte.
18. Há queda na inflação.
19. Há baixa nas taxas nos aeroportos.
20. Há desvalorização nas ações.

**Ficha 22 – Descrever um ponto de venda**

1. o *stopper*
2. o *wobbler*
3. o porta cartaz
4. a ilha
5. a vitrine
6. a gôndola
7. os lineares
8. o carrinho de compras
9. o balcão refrigerado
10. a bandeirola
11. o *banner* de gôndola
12. o topo de gôndola

**Ficha 23 – Comunicar por SMS**

1. b)
2. b)
3. b)
4. c)
5. c)
6. c)
7. c)
8. c)
9. a)
10. c)
11. b)
12. b)
13. b)
14. a)

**Ficha 24 – Confirmar no aeroporto**

1.
b) Descola.
c) Excede.
d) Pode.
e) Posso.
f) Partimos/Partem.
g) Fazemos/Fazem.
h) Pode.
i) Vamos/Vão.
j) Vai.
k) Embarcamos/Embarcam.

2.
b) Trago.
c) Aterra.
d) Podem.
e) Faço.
f) Desembarca.
g) Têm.
h) Temos.
i) É
j) Estamos.
k) Vamos.
l) Posso.

3.
a) Está.
b) Paga.
c) Posso.
d) Está.
e) Correu.
f) Vai.
g) Há.

**Ficha 25 – Perguntar pormenores**

1.
a) Quem
b) Quanto
c) Como
d) Em que
e) Por onde
f) A que

2.
a) Com quem
b) Porque
c) Quando
d) Em que
e) A que
f) Onde

3.
a) Quem
b) Porque
c) Porque
d) Para quando
e) Para que
f) Para quem

**Nível A2**

**Ficha 1 – Organizar a agenda**

1. temos de
2. têm de
3. têm de
4. preciso de
5. precisamos de
6. precisei de
7. pode
8. podes
9. podem
10. consegue
11. consegue
12. conseguir
13. devemos
14. devemos
15. deve
16. deve
17. Devo

**Ficha 2 – Falar de superfícies comerciais**

**1.**

1. b) pouca
c) pouco
d) poucos

2. a) muitos
b) muitas
c) muito
d) muitos

3. a) tantas
b) tantos
c) tantas
d) tantos

4. a) todos
b) todas
c) toda
d) todo

**2.**

| | |
|---|---|
| 1. tanta | 10. muita |
| 2. tão | 11. muito |
| 3. muito | 12. tão |
| 4. pouca | 13. muito |
| 5. muito | 14. outras |
| 6. pouco | 15. muito |
| 7. muito | 16. muito |
| 8. pouca | 17. pouca |
| 9. pouco | 18. alguns |

**Ficha 3 – Organizar uma reunião**

| | |
|---|---|
| 2. Verifiquei. | 12. Lemos. |
| 3. Fiz. | 13. Fizemos. |
| 4. Trouxe. | 14. Disse. |
| 5. Vim. | 15. Fomos. |
| 6. Vi. | 16. Pusemos. |
| 7. Cheguei. | 17. Tive. |
| 8. Veio. | 18. Dissemos. |
| 9. Fui. | 19. Pus. |
| 10. Estive. | 20. Tivemos. |
| 11. Enviou. | |

**Ficha 4 – Descrever problemas/dificuldades**

**1.**

1. avariou-se, pus, enrolou, saiu, abri, vi, tentei, consegui, Decidi, tirámos
2. precisámos, foi, marcámos, atendeu, decidimos, tivemos, lembrou-se, obteve, esperámos, conseguimos, disseram
3. esqueceu-se, falou, enviei, respondeu, decidi

**2.**

| começar | continuar | acabar |
|---|---|---|
| primeiro<br>em primeiro lugar | depois<br>a seguir<br>em segundo lugar<br>em seguida | então<br>finalmente<br>por tudo isto |

**Ficha 5 – Conversar no elevador**

1. choveu, Choveu
2. foi, Foi, estive, foste, Fui
3. correu, Correu, tive, fiz
4. vieste, Vim, veio, arranjou
5. foi, foi, foi, estive

**Ficha 6 – Perguntar pormenores numa entrevista**

**1.**

| | |
|---|---|
| 2. c) | 7. j) |
| 3. d) | 8. f) |
| 4. b) | 9. g) |
| 5. h) | 10. k) |
| 6. a) | 11. e) |

**2.**

| | |
|---|---|
| 1. b) | 7. e) |
| 2. g) | 8. a) |
| 3. d) | 9. j) |
| 4. h) | 10. k) |
| 5. c) | 11. f) |
| 6. l) | 12. i) |

**Ficha 7 – Descrever o percurso**

**1.**

| | |
|---|---|
| 1. acabou | 6. foi |
| 2. estava, trabalhou | 7. tornou-se |
| 3. estava, conheceu, era | 8. tirou |
| 4. começou, dava | 9. era, nasceu, ficou |
| 5. era, casou-se | 10. mudou |

**2.**

| | |
|---|---|
| datas / dias | a, no dia |
| meses | em |
| anos | em |
| estações do ano | no |

**Ficha 8 – Indicar responsabilidades**

2. Todos os anos, o contrato é renegociado por eles.
3. A mercadoria foi destruída pelo temporal.
4. O tempo de armazenagem dos produtos foi diminuído por nós.
5. Novas despesas foram apresentadas pela empresa de *outsourcing*.
6. O transporte da matéria-prima foi atrasado pela greve.
7. Os voos foram desviados para outra zona pelos aeroportos.
8. Uma receção adequada das vossas encomendas é assegurada por nós.
9. O preço final do produto foi aumentado pela subida do preço do combustível.
10. O prazo de entrega foi alargado pelo fornecedor.
11. Os contentores têm de ser expedidos por eles até amanhã sem falta!
12. Os contentores foram armazenados no porto de Roterdão.
13. Para gerir as operações do armazém, foi contratada uma nova empresa.

## Ficha 9 – Descrever etapas na organização de um evento

**A.**

2. O alojamento está a ser organizado por mim.
3. O *site* está a ser atualizado por nós.
4. O transporte está a ser alugado pela Elsa.
5. O problema informático está a ser resolvido pelo técnico.
6. A programação está a ser tratada pelo diretor.
7. Os documentos estão a ser digitalizados pela secretária.
8. Os *posters* estão a ser impressos pela tipografia.
9. As despesas estão a ser pagas pelo programa *Oikos*.
10. A organização está a ser posta em causa pelos oradores.

**B.**

2. O problema vai ser estudado pela delegação.
3. A viagem vai ser paga pela Comissão Executiva.
4. A delegação francesa vai ser acolhida por mim.
5. Vai ser concedida uma tarde livre.
6. A apresentação do tema vai ser feita pelo professor Xavier.
7. O dinheiro para as despesas de representação vai ser disponibilizado brevemente.
8. A mesa-redonda vai ser liderada pelo chefe de departamento.
9. O tema vai ser apresentado pela diretora.
10. O *catering* vai ser fornecido pela empresa *Colher de Pau*.

## Ficha 10 – Organizar um evento

2. O hotel foi reservado para 150 pessoas pela assistente.
3. Vários orçamentos foram pedidos pela diretora financeira.
4. O ambiente foi eleito como o tema deste ano.
5. Os desdobráveis foram impressos pela empresa gráfica.
6. O evento foi aberto aos familiares dos colaboradores da empresa.
7. Um concurso foi feito pelo departamento de *marketing*.
8. No concurso foram inscritas mais de 100 pessoas.
9. Todo o evento foi pago pela sede internacional da empresa.
10. O evento foi visto pelos colaboradores das sucursais na *intranet*.
11. A opinião de muitos colaboradores foi expressa numa caixa de comentários.
12. Os prémios de criatividade foram entregues pelo diretor-geral.
13. Todas as expectativas foram satisfeitas!

## Ficha 11 – Chefiar uma loja

*Exemplos possíveis:*

2. A entrega foi aceite ontem.
3. O ar condicionado foi ligado pelo Hugo.
4. O erro nas contas foi descoberto pelo contabilista.
5. Esta loja foi disposta assim ontem.
6. Esta frase vergonhosa foi dita pela Margarida.
7. Este produto foi eleito como produto do ano pelo diretor.
8. Esta encomenda foi entregue hoje.
9. A resposta nas redes socias foi escrita por mim.
10. Este assunto foi exposto nas redes sociais pelo Joaquim.
11. O fogo foi extinto com a ajuda dos bombeiros.
12. Esta decoração tão bonita foi feita pela Maria.
13. O prémio de colaborador do mês foi ganho pela Rita.
14. O papel foi gasto nos relatórios.
15. Estas regras foram impostas na semana passada.
16. Fomos inscritos no concurso de qualidade pelo gerente.
17. Esta sala foi limpa pela Sofia.
18. Este produto foi pago pela Elsa.
19. Este comentário foi posto no *site* por um sócio.
20. O cabo da Internet foi preso na parede.
21. O novo menu foi proposto pelo chefe.
22. A situação foi salva pela Rita.
23. A loja foi suja pelo Rui.
24. A TV por cabo foi suspensa há dois dias.
25. O nível de ruído foi visto pela última vez no mês passado.

## Ficha 12 – Apresentar agradecimentos

**A.**

lhe, si, si, consigo, lhe

**B.**

te, ti, te, ti, ti, contigo, te

**C.**

vocês, vossa, vos, vos, convosco, se, vos

## Ficha 13 – Marcar encontros

1. a)
2. b)
3. b)
4. c)

**Ficha 14 – Descrever as férias**

1. nos deitamos
2. permitimo-nos
3. encontramo-nos/reunimo-nos
4. reunimo-nos/encontramo-nos
5. nos esquecemos
6. nos concentramos
7. nos preocupamos
8. Lembramo-nos
9. nos desligamos
10. nos queixamos
11. arrependemo-nos
12. vamo-nos embora

**Ficha 15 – Falar em situações sociais**

**A.**

1. Prazer em **conhecê-lo.**
2. Queria **conhecê-lo** há muito tempo!
3. **Agradeço-lhe** o convite.
4. **Contactei-o** muitas vezes por telefone.
5. Queria **apresentá-lo** à nossa diretora.
6. Posso **pedir-lhe** para se sentar aqui?
7. **Conheci-o** numa conferência em novembro.
8. Gostei de **ouvi-lo** no debate.
9. Como posso **contactá-lo**?
10. Ontem, **telefonei-lhe** e não consegui **contactá-lo**.

**B.**

1. Prazer em **conhecê-la**.
2. Queria **conhecê-la** há muito tempo!
3. **Agradeço-lhe** o convite.
4. **Contactei-a** muitas vezes por telefone.
5. Queria **apresentá-la** à nossa diretora.
6. Posso **pedir-lhe** para se sentar aqui?
7. **Conheci-a** numa conferência em novembro.
8. Gostei de **ouvi-la** no debate.
9. Como posso **contactá-la**?
10. Ontem, **telefonei-lhe** e não consegui **contactá-la**.

**Ficha 16 – Descrever novas vantagens**

2. faltava, falta
3. encontrávamos, encontramo(-los)
4. demorava, demora
5. fazíamos, fazemos
6. havia, há
7. tínhamos, temos
8. tinham, têm
9. era, é
10. éramos, somos
11. era, é
12. eram, são
13. tinha, tem
14. púnhamos, pomos
15. ia, vou
16. íamos, vamos
17. tinha, tenho
18. vinha, vêm

**Ficha 17 – Experiência de consumo**

**A.**

2. fazia
3. Falava
4. Ia
5. tinha
6. Demorava
7. Comparava
8. Comprava, precisava
9. Preferia
10. Escolhia
11. experimentava
12. levava
13. frequentava
14. Tinha
15. Ia
16. Confiava
17. Era

**B.**

2. Fiz
3. Falei
4. Fui
5. Tive
6. Demorei
7. Comparei
8. Comprei
9. Preferi
10. Escolhi
11. Experimentei
12. Levei
13. Frequentei
14. Tive
15. Fui
16. Confiei
17. Preferi

**Ficha 18 – Descrever cargos passados**

**A.**

1. iniciou
2. começou
3. reportava
4. trabalhou
5. mudou-se
6. foi
7. reportava
8. estudou
9. tornou-se
10. chefiava

**B.**

1. acumulou
2. estudava
3. começou
4. acabou
5. tornou-se
6. Foi
7. geria
8. ganhava
9. crescia
10. promoveu
11. tinha

**Ficha 19 – Gerir pessoas**

**A.**

1. era
2. ameaçava, desrespeitava
3. sentia-se
4. tinha
5. se fazia
6. geria
7. tinha
8. impunha
9. era
10. mantinha
11. discriminava
12. agradecia
13. abstinha-se
14. se opunha
15. esclarecia, liderava

**B.**

1. controlava
2. respeitava
3. aproveitava
4. era
5. mantinha
6. definia
7. investia
8. desenvolvia
9. confiava
10. delegava
11. era
12. elogiava
13. justificava
14. defendia
15. tornava, esperava

**Ficha 20 – Falar ao telefone**

**A.** 1. b), 2. c), 3. a)
**B.** 1. c), 2. d), 3. b), 4. a)
**C.** 1. d), 2. b), 3. a), 4. c)
**D.** 1. a), 2. b), 3. e), 4. c), 5. d)
**E.** 1. c), 2. b), 3. e), 4. a), 5. d)

**Ficha 21 – Apresentar resultados (ler gráficos)**

**1.**

2. 2.º semestre
3. 1.º semestre
4. 1.º semestre
5. 1.º semestre
6. 2.º semestre
7. 2.º semestre
8. 1.º semestre/2.º semestre
9. 2.º semestre
10. 2.º semestre
11. 1.º semestre

**2.**

| Verbo | Nome |
|---|---|
| recuar | **o recuo** |
| crescer | **o crescimento** |
| **perder** | a perda |
| **subir** | a subida |
| **cair** | a queda |
| **progredir** | a progressão |
| **ganhar** | o ganho |
| diminuir | **a diminuição** |
| aumentar | **o aumento** |
| ultrapassar | **a ultrapassagem** |
| vencer | **a vitória** |
| **avançar** | o avanço |

**Ficha 22 – Responder a *e-mails***

1. para, em, para
2. no, às, para, em, no, nas
3. em, por, do, para, de, na, após, pela/a
4. do, em, para, com, para, da, de, a

**Ficha 23 – Estruturar *e-mails***

| | |
|---|---|
| **Fórmulas iniciais** | Caro/a…; Caro Sr. / Cara Sra., Exmo. Sr. (Dr.) / Exma. Sra. (Dra.), Exmos. Srs., Isabel, |
| **Responder** | Conforme o que foi dito no *e-mail*/telefonema anterior, Dando seguimento ao pedido feito, Respondendo ao *e-mail* anterior, |
| **Pedir resposta** | Espero uma resposta o mais brevemente possível, Peço uma resposta rápida, |
| **Enviar algo** | Anexo um documento para…; Envio, em anexo, o documento.; Junto envio um documento. |
| **Fórmulas finais** | Agradecendo desde já a atenção, Com os melhores cumprimentos, Cumprimentos, |
| **Negar** | Infelizmente, não é possível dar seguimento ao seu pedido.; Não nos é possível dar resposta à sua encomenda porque… |

**Ficha 24 – Linguagem formal I**

| Formal (verbo) | Formal (nome) |
|---|---|
| abster-se de | a abstenção |
| concluir | **a conclusão** |
| ocorrer | a ocorrência |
| afirmar | a afirmação |
| pretender | a pretensão |
| aproximar-se de | a aproximação |
| alcançar | o alcance |
| colocar em | a colocação |
| iniciar | o início |
| obter | a obtenção |
| contradizer | a contradição |
| oferecer | a oferta |
| executar | a execução |
| hesitar em | **a hesitação** |
| apresentar | a apresentação |
| alterar | a alteração |
| registar | o registo |
| existir | a existência |
| eliminar | a eliminação |

**Ficha 25 – Linguagem formal II**

**1.**

| | |
|---|---|
| 1. Abstenho-me | 6. incluímos |
| 2. foram alcançados | 7. obter |
| 3. concluir | 8. registar |
| 4. apresentação | 9. concluiu |
| 5. hesitou | 10. colocou |

**2.**

2. O que ele afirmou está afirmado.
3. É difícil aproximar-se dele.
4. Que objetivos quer alcançar no próximo ano?
5. Quando é que inicias o curso?
6. Ele está sempre a contradizer-se!
7. O que é que o banco te ofereceu este Natal?
8. Esta é uma ideia difícil de executar!
9. Esta reunião é para apresentar resultados.
10. Vamos concluir este processo depressa.
11. O que ocorreu na reunião foi triste.
12. Este relatório tem tudo registado.
13. Não existem problemas neste processo.

**Ficha 26 – Dizer o que os outros dizem...**

2. Ele disse que as previsões iam ser ligeiramente ultrapassadas.
3. Ele disse que a direção informava sempre os funcionários das decisões comerciais.
4. Ele disse que a empresa tinha tido muitos problemas com aquele fornecedor.
5. Ele disse que a reunião tinha acabado havia mais de meia hora.
6. Ele disse que devíamos ter avisado o cliente mais cedo.
7. Ele disse que lhe tinha enviado aquilo ontem por *e-mail*.
8. Ele disse que tinha dito à Maria que a reunião tinha sido cancelada.
9. Ele disse que já tinha estado naquele restaurante.
10. Ele disse que se tinham esquecido outra vez do documento.
11. Ele disse que eles lhe tinham trazido o portátil.
12. Ele disse que vinha ter connosco de carro.

**Ficha 27 – Descrever soluções para problemas passados**

2. Cheguei atrasado; devia ter ido de táxi.
3. Tossi muito na apresentação; devia ter bebido mais água.
4. Fui demasiado rápido na apresentação; devia ter falado com mais calma.
5. Interrompi a reunião por causa de um telefonema; devia ter respondido com uma SMS.
6. Demorei a encontrar o documento na *pen*; devia ter limpado a *pen*.
7. Abri o documento errado; devia ter aberto o documento certo.
8. Enganei-me nos dados da apresentação; devia ter escrito algumas notas.
9. Enganei-me na ordem da apresentação; devia ter imprimido as folhas por ordem.
10. Formulei mal o texto dos diapositivos; devia ter escrito de outra forma.
11. Incluí imagens pouco nítidas; devia ter posto imagens mais nítidas.
12. Pus dados errados; devia ter visto os dados com o meu chefe.
13. Propus duas ideias; devia ter proposto mais ideias.
14. Alarguei-me no tempo; devia ter feito menos pausas.
15. Não disse os tópicos importantes no final; devia ter revisto os tópicos importantes.

**Ficha 28 – Motivar**

**1.**

| Adjetivo (feminino) | Advérbio |
|---|---|
| atenta | atentamente |
| alegre | alegremente |
| confortável | confortavelmente |
| entusiástica | entusiasticamente |
| difícil | dificilmente |
| incessante | incessantemente |
| triste | tristemente |
| lenta | lentamente |
| descuidada | descuidadamente |
| teórica | teoricamente |
| hipotética | hipoteticamente |
| inconsciente | inconscientemente |
| eventual | eventualmente |
| precipitada | precipitadamente |
| cuidadosa | cuidadosamente |
| despreocupada | despreocupadamente |
| confiante | confiantemente |
| natural | naturalmente |

**2.**

2. lentamente
3. descuidadamente
4. teoricamente/hipoteticamente
5. alegremente
6. francamente
7. cuidadosamente
8. confortavelmente
9. confiantemente
10. entusiasticamente
11. lentamente, inconscientemente

**Ficha 29 – Desculpabilizar-se**

2. tinha sido enviado
3. tinha sido levado
4. tinha sido entregue
5. tinha sido aberto
6. tinha sido escrito
7. tinha sido acesa
8. tinham sido feitas
9. tinha sido gasto
10. tinham sido vistos
11. tinham sido propostos
12. tinham vindo
13. tinha sido aceite
14. tinha sido ganho
15. tinha sido reaberto
16. tinha sido eleito
17. tinham sido pagas
18. tinham sido extintas
19. tinha sido impresso
20. tinha sido suspenso

**Ficha 30 – Percurso de uma empresa *(Delta)***

2. tinha criado
3. tinha sido eleito
4. tinha lançado
5. tinha perdido
6. se tinha certificado
7. tinha dividido
8. tinha certificado
9. tinha fundado
10. tinha completado
11. tinha celebrado